¡El N.° 1 recomendado por los profesores!

PARA HISPANOHABLANTES

GRADOS EN TRANSICIÓN
PreK a K

Carson Dellosa Education
Greensboro, North Carolina

Advertencia: Las actividades de los ejercicios pueden requerir la supervisión de un adulto. Antes de comenzar cualquier actividad física es recomendable consultar con un médico. Se sugiere pedir la autorización por escrito de los padres para quienes utilicen este libro en grupos. Los niños siempre deben calentar antes de comenzar cualquier actividad física y deben detenerse de inmediato si sienten alguna molestia durante el ejercicio.

Advertencia: Antes de comenzar cualquier actividad alimentaria, pida permiso a los padres e infórmese sobre las alergias alimentarias y las restricciones religiosas o de otro tipo que pueda tener el niño.

Advertencia: Las actividades al aire libre pueden requerir la supervisión de un adulto. Antes de comenzar cualquier actividad al aire libre, pida permiso a los padres e infórmese sobre las alergias del niño a las plantas o a animales. Recuérdele al niño que durante la actividad no debe tocar las plantas o los animales sin la supervisión de un adulto.

Advertencia: Antes de realizar cualquier actividad con globos, pida permiso a los padres e infórmese sobre posibles alergias al látex. Además, recuerde que los globos no inflados o reventados pueden presentar un riesgo de asfixia.

Los autores y el editor no se hacen responsables de ninguna lesión que pueda resultar de la realización de los ejercicios o actividades de este libro.

Caution: Exercise activities may require adult supervision. Before beginning any exercise activity, consult a physician. Written parental permission is suggested for those using this book in group situations. Children should always warm up prior to beginning any exercise activity and should stop immediately if they feel any discomfort during exercise.

Caution: Before beginning any food activity, ask parents' permission and inquire about the child's food allergies and religious or other food restrictions.

Caution: Nature activities may require adult supervision. Before beginning any nature activity, ask parents' permission and inquire about the child's plant and animal allergies. Remind the child not to touch plants or animals during the activity without adult supervision.

Caution: Before completing any balloon activity, ask parents' permission and inquire about possible latex allergies. Also, remember that uninflated or popped balloons may present a choking hazard.

The authors and publisher are not responsible or liable for any injury that may result from performing the exercises or activities in this book.

Summer Bridge®
An imprint of Carson Dellosa Education
PO Box 35665
Greensboro, NC 27425 USA

© 2022 Carson Dellosa Education. Salvo lo permitido por la Ley de Derechos de Autor de los Estados Unidos, ninguna parte de esta publicación puede ser reproducida, almacenada o distribuida de ninguna forma ni por ningún medio (mecánico, electrónico, de grabación, etc.), sin el consentimiento previo por escrito de Carson Dellosa Education.

© 2022 Carson Dellosa Education. Except as permitted under the United States Copyright Act, no part of this publication may be reproduced, stored, or distributed in any form or by any means (mechanically, electronically, recording, etc.) without the prior written consent of Carson Dellosa Education.

Printed in the USA • All rights reserved.   ISBN 978-1-4838-6526-3

01-046221151

Índice

Cómo aprovechar al máximo las *Summer Bridge Activities® para Hispanohablantes*....iv
Matriz de habilidades..vi
Lectura de verano para todos..viii
¡El aprendizaje de verano está en todas partes!...x

Sección I: Objetivos mensuales y lista de palabras...1
Introducción a la flexibilidad...2
Páginas de actividades..3
Experimentos científicos..43
Actividades de acondicionamiento físico..44
Actividades de desarrollo del carácter...45
Actividades de extensión al aire libre...46

Sección II: Objetivos mensuales y lista de palabras..47
Introducción a la fuerza...48
Páginas de actividades...49
Experimentos científicos..89
Actividades de acondicionamiento físico..90
Actividades de desarrollo del carácter...91
Actividades de extensión al aire libre...92

Sección III: Objetivos mensuales y lista de palabras...93
Introducción a la resistencia...94
Páginas de actividades...95
Experimentos científicos..135
Actividades de acondicionamiento físico..136
Actividades de desarrollo del carácter...137
Actividades de extensión al aire libre...138
Actividades de lectura y escritura...139
Actividades extra de fonética..140
Actividades extra en práctica de escritura...144

Tarjetas de memoria
Certificado de finalización

Cómo aprovechar al máximo las *Summer Bridge Activities®* para Hispanohablantes

Este libro ayudará a tu hijo a repasar los conocimientos aprendidos en prekínder y a anticiparse a las habilidades requeridas para el kínder. En su interior encontrarás muchos recursos que animarán a tu hijo a practicar, aprender y crecer mientras se adelanta al nuevo año escolar.

Solo 15 minutos al día
... es todo lo que se necesita para mantenerse en forma con las actividades de aprendizaje de cada día de la semana ¡durante todo el verano!

Organización mes por mes

Tres secciones codificadas por colores corresponden a los tres meses de vacaciones de verano. Cada mes comienza con una actividad de establecimiento de objetivos y una actividad de refuerzo de vocabulario. También encontrarás una introducción a la sección de acondicionamiento físico y de desarrollo del carácter.

Actividades diarias

Proporcionamos dos páginas de actividades para cada día de la semana. Completarlas toma unos 15 minutos.

Desarrollo de habilidades para la escuela

Ayuda a tu hijo a prepararse para el kínder con el desarrollo de las siguientes habilidades:

- Reconocimiento de letras
- Caligrafía
- Vocabulario
- Números y conteo
- Figuras y medidas
- Habilidades motrices finas
- Conceptos básicos

Muchas características adicionales
... ¡se adaptan a las necesidades e intereses de tus hijos!

Actividades adicionales

Los experimentos científicos invitan a tu hijo a interactuar con el mundo y a desarrollar el pensamiento crítico. Las actividades de acondicionamiento físico y desarrollo del carácter ayudan a tu hijo a mantenerse sano y aumentar su amabilidad, honestidad, tolerancia y más.

¡Vamos afuera!

Una colección de divertidas ideas para observar, explorar y aprender al aire libre e ideas de juegos para cada mes del verano.

Tarjetas de desarrollo de habilidades

Recorta las tarjetas que están en la parte posterior del libro. Guárdalas en una bolsa con cremallera o haz un agujero en cada una de ellas y ensártalas en una anilla. Lleva las tarjetas contigo para practicar sobre la marcha.

¡Dale esos cinco
... a tu hijo por un trabajo bien hecho!

Estrellas

Utiliza las calcomanías de estrellas que se encuentran en la parte posterior del libro. Coloca una estrella en el espacio provisto al final de las actividades de aprendizaje de cada día cuando hayas completado las páginas.

Elogios y recompensas

Después de completar las actividades de aprendizaje durante toda una semana o un mes, ofrece una recompensa a tu hijo. Puede ser un regalo especial, una salida o compartir tiempo juntos. Elogia a tu hijo por el progreso que hizo.

Certificado de finalización

Al terminar el verano, completa y presenta el certificado que aparece al final del libro. Felicita a tu hijo por haberse preparado para el siguiente año escolar.

© Carson Dellosa Education

Matriz de habilidades

Día	Abecedario	Desarrollo del carácter	Clasificación	Colores	Habilidades motrices finas	Acondicionamiento físico	Gramática, lengua y literatura	Caligrafía	Medidas	Números y conteo	Fonética	Ciencia	Secuenciación	Reconocimiento de figuras	Diferenciación visual
1									★						★
2					★									★	
3					★									★	
4					★									★	
5					★									★	
6					★									★	
7					★					★					
8										★				★	
9				★						★				★	
10										★				★	
11										★					
12										★					★
13										★					★
14										★					
15										★					
16										★					
17				★	★					★				★	
18										★					★
19					★										★
20					★										★
¡PÁGINAS EXTRA!		★	★		★	★			★			★		★	
1										★					
2				★						★					
3				★				★			★				
4				★				★			★				
5				★				★			★				
6				★				★			★				
7				★				★			★				
8				★				★			★				
9				★				★			★				
10				★						★	★				
11								★		★	★				

Matriz de habilidades

Día	Abecedario	Desarrollo del carácter	Clasificación	Colores	Habilidades motrices finas	Acondicionamiento físico	Gramática, lengua y literatura	Caligrafía	Medidas	Números y conteo	Fonética	Ciencia	Secuenciación	Reconocimiento de figuras	Diferenciación visual
12				★				★			★				
13								★			★				
14								★		★	★				
15								★	★		★				★
16							★	★			★				
17				★				★			★			★	
18			★					★			★				
19								★			★				★
20								★			★				★
¡PÁGINAS EXTRA!	★	★	★		★	★						★			
1			★					★			★				
2								★			★				★
3								★			★				
4							★	★			★				
5								★		★	★				
6								★		★	★				
7								★		★	★				
8								★		★	★				
9	★						★	★							
10										★					
11			★												
12							★		★				★		
13							★		★					★	★
14											★				
15											★				
16											★				
17											★				
18											★				
19											★				
20										★	★				
¡PÁGINAS EXTRA!			★	★		★	★	★	★		★		★		

Lectura de verano para todos

La lectura es la habilidad más importante para el éxito escolar. Los expertos recomiendan que los estudiantes de prekínder y kínder lean al menos 10 minutos cada día. Ayuda a tu hijo a elegir varios libros de esta lista según sus intereses (los libros sugeridos están en inglés, pero muchas bibliotecas podrían tener las versiones en español o libros similares). Dile que elija al menos un título de ficción (F) y otro de no ficción (NF). ¡A continuación, vayan a la biblioteca local para comenzar la aventura de la lectura!

Si te gustan las historias sobre criaturas fantásticas...
Dragons Love Tacos
    de Adam Rubin y Daniel Salmieri (F)
There's a Dragon in Your Book
    de Tom Fletcher (F)

Si te gustan los animales...
The Mitten
    de Jan Brett (F)
Among a Thousand Fireflies
    de Helen Frost y Rick Lieder (NF)

Si te gustan historias de aventuras...
Thump, Quack, Moo: A Whacky Adventure
    de Doreen Cronin (F)
Roaring Rockets
    de Tony Mitton (NF)

Si te gustan las historias sobre la amistad...
You Are Friendly
    de Todd Snow (NF)
The Things I Love About Friends
    de Trace Moroney (F)

Si te gusta la ciencia...
This Little Scientist
 de Joan Holub (NF)
UP! UP! UP! Skyscraper
 de Anastasia Suen (F)

Si te gustan las historias sobre la imaginación...
Harold and the Purple Crayon
 de Crockett Johnson (F)
The Rainbow Fish
 de Marcus Pfister (F)

Si te gustan las rimas...
Chicka Chicka Boom Boom
 de Bill Martin Jr. y
 John Archambault (F)
My Shadow
 de Robert Louis Stevenson (NF)

Si te gustan los deportes...
Dino-Basketball
 de Lisa Wheeler (F)
Little Soccer
 de Brad Herzog (NF)

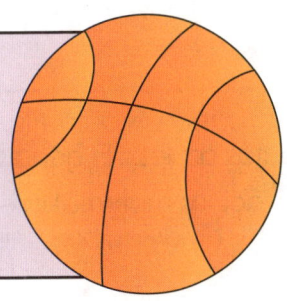

Si te gustan las historias graciosas...
Kitten's First Full Moon
 de Kevin Henkes (F)
Leaf Man
 de Lois Ehlert (NF)

Si te gustan las manualidades y artesanías...
I'm Not Just a Scribble
 de Diane Alber (F)
The Cardboard Box Book
 de Roger Priddy y Sarah Powell (NF)

© Carson Dellosa Education

¡El aprendizaje de verano está en todas partes!

Encuentra oportunidades de aprendizaje a donde quiera que vayas, idurante todo el verano!

Lectura

- Señala palabras en avisos, letreros y carteles en los lugares favoritos de tu hijo.
- Lean juntos un texto de no ficción, como un reporte del clima, y hablen de él.

Lengua y literatura

- Intercambia cartas, correos electrónicos o textos con un amigo o familiar para compartir aventuras de verano. Incluye historias, poemas, datos, dibujos y fotos.
- Escribe con tu hijo una carta a familiares o vecinos.

Matemáticas

- Haz juegos de matemáticas en el auto. Haz que cada persona elija un objeto para contar, como «autos azules». El ganador será quien tenga el número más alto.
- Haz un camino de obstáculos matemáticos. Salta sobre números marcados con tiza en la acera, amontona rocas y divídelas, haz una serie de saltos para resolver un problema o enfrenta otros desafíos.

Ciencia y estudios sociales

- Instala un museo en un garaje. Incluye hojas, flores, insectos, plumas, rocas y más. Escribe un letrero con datos sobre cada cosa. Invita visitantes.
- Aprende sobre las estrellas, la Vía Láctea, meteoritos, la Luna y otras cosas en el espacio. Coloca mantas debajo del cielo nocturno e invita amigos. Enséñales lo que has aprendido.

Carácter y acondicionamiento físico

- Ve a un concierto, festival o desfile en un vecindario distinto al tuyo. Diles a los miembros de tu familia cinco cosas que hayas disfrutado de tu experiencia.
- Aprende una nueva habilidad física. Podría ser saltar la cuerda, lanzar una pelota de béisbol o incluso hacer un baile nuevo. Sigue intentándolo hasta que te sientas seguro.

SECCIÓN 1

Objetivos mensuales

Un objetivo es algo que quieres conseguir. ¡A veces, alcanzar un objetivo puede ser difícil!

Piensa en tres objetivos que quieras cumplir este mes. Por ejemplo, tal vez quieras hacer ejercicio cada día durante 10 minutos. Pide a un adulto que te ayude a escribir tus objetivos en las líneas.

Pega una estrella junto a los objetivos que cumplas. ¡Siéntete orgulloso de haber cumplido tus objetivos!

1. _____ COLOCA UNA ESTRELLA AQUÍ

2. _____ COLOCA UNA ESTRELLA AQUÍ

3. _____ COLOCA UNA ESTRELLA AQUÍ

Lista de palabras

En esta sección se utilizan las siguientes palabras. Es bueno que las conozcas. Lee cada una en voz alta a un adulto. Cuando veas una palabra de esta lista en una página, enciérrala en un círculo con tu color de crayón favorito.

big (grande)	little (pequeño)
circle (círculo)	same (mismo)
color (color)	shape (forma, figura)
count (cuenta)	trace (traza)
draw (dibujo)	write (escribe)

SECCIÓN I

Introducción a la flexibilidad

Esta sección incluye actividades de acondicionamiento físico y desarrollo del carácter que se centran en la flexibilidad. Estas actividades están diseñadas para que tu hijo se mueva y para que piense en el desarrollo de su condición física y de su carácter. Si tu hijo tiene una movilidad limitada, no dudes en modificar los ejercicios sugeridos para adaptarlos a sus capacidades individuales.

Flexibilidad física

La *flexibilidad* significa ser capaz de realizar tareas físicas cotidianas con facilidad, como agacharse para atarse un zapato. Estas tareas cotidianas pueden ser difíciles para las personas cuyos músculos y articulaciones no se han utilizado y estirado con regularidad.

Los estiramientos adecuados permiten que los músculos y las articulaciones se muevan en toda su amplitud, lo que es fundamental para mantener una buena flexibilidad. Tu hijo se estira de muchas maneras cada día sin darse cuenta. Puede recoger un lápiz que se le cayó o sacar una caja de cereales del estante superior. Señala estos ejemplos a tu hijo y explícale por qué una buena flexibilidad es importante para su salud y crecimiento. Desafíalo a mejorar su flexibilidad de forma consciente. Anímalo a fijarse un objetivo de estiramiento para el verano, como practicar a diario hasta que pueda tocarse los dedos de los pies.

Flexibilidad de carácter

Aunque es importante tener un cuerpo flexible, también es importante ser flexible mentalmente. Comparte con tu hijo que ser flexible mentalmente significa tener una mente abierta. Habla de lo decepcionante que puede ser cuando las cosas no salen como él o ella quiere y explícale que la decepción es una reacción normal. Dale un ejemplo reciente de cuando las circunstancias imprevistas arruinaron sus planes, como la cancelación de una excursión al parque debido a la lluvia. Explica que habrá situaciones en la vida en las que ocurran cosas inesperadas. A menudo, la forma en que una persona reacciona ante esas circunstancias es lo que afecta al resultado. Utilizando ejemplos que se puedan relacionar, puedes dotar a tu hijo de herramientas para ser flexible, como tener expectativas realistas, pensar en soluciones para mejorar una situación decepcionante y buscar las cosas buenas que puedan haber surgido de la decepción inicial.

La flexibilidad mental puede adoptar muchas formas. Por ejemplo, respetar las diferencias de otros niños, o compartir y respetar los turnos, son formas en las que tu hijo puede practicar la flexibilidad. Anima a tu hijo a ser flexible y elógialo cuando veas que muestre este importante rasgo de carácter.

Medidas

DÍA 1

Lleva la cuenta de tu crecimiento este verano. Pide a un adulto que te ayude a medir tu estatura. Rellena el espacio en blanco. Dibuja y colorea el dibujo para que se parezca a ti.

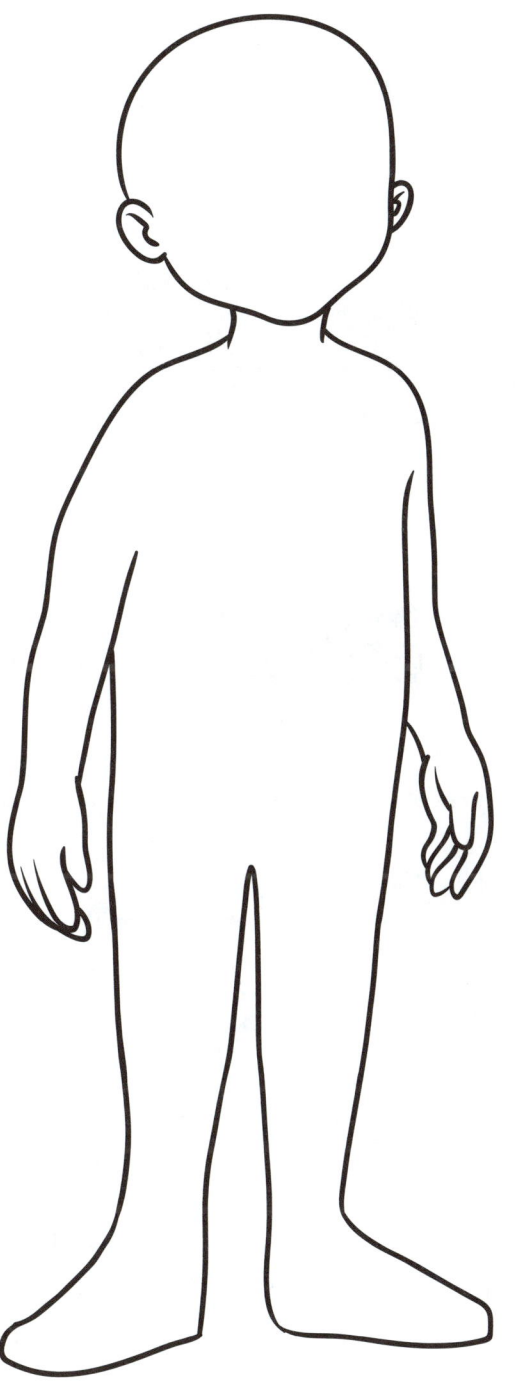

Tu estatura:
_____

DÍA 1

Diferenciación visual

Encierra en un círculo la imagen de cada fila que sea *igual* (same) a la primera.

Habilidades motrices finas

DÍA 2

Traza las *líneas punteadas* (dashed lines).

DÍA 2

Reconocimiento de figuras

Esto es un *cuadrado* (square).

Colorea los *cuadrados* (squares).

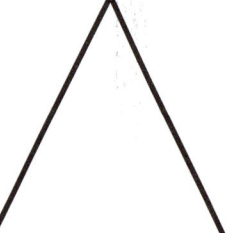

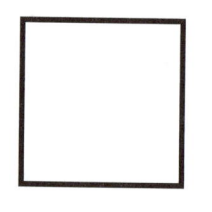
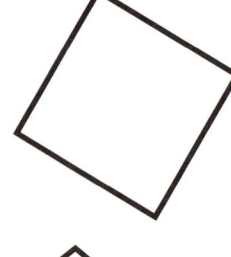
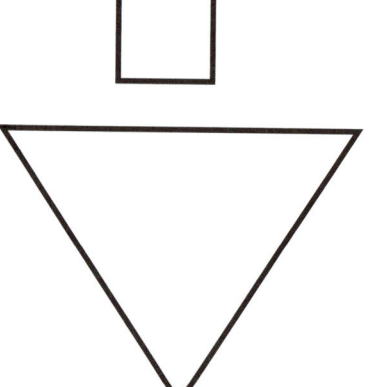

Habilidades motrices finas

DÍA 3

Traza las *líneas punteadas* (dashed lines).

DÍA 3

Reconocimiento de figuras

Esto es un *triángulo* (triangle).

Colorea los *triángulos* (triangles).

Habilidades motrices finas

DÍA 4

Traza las *líneas punteadas* (dashed lines).

DÍA 4

Reconocimiento de figuras

Esto es un *círculo* (circle).

Colorea los *círculos* (circles).

Habilidades motrices finas

DÍA 5

Traza las *líneas punteadas* (dashed lines).

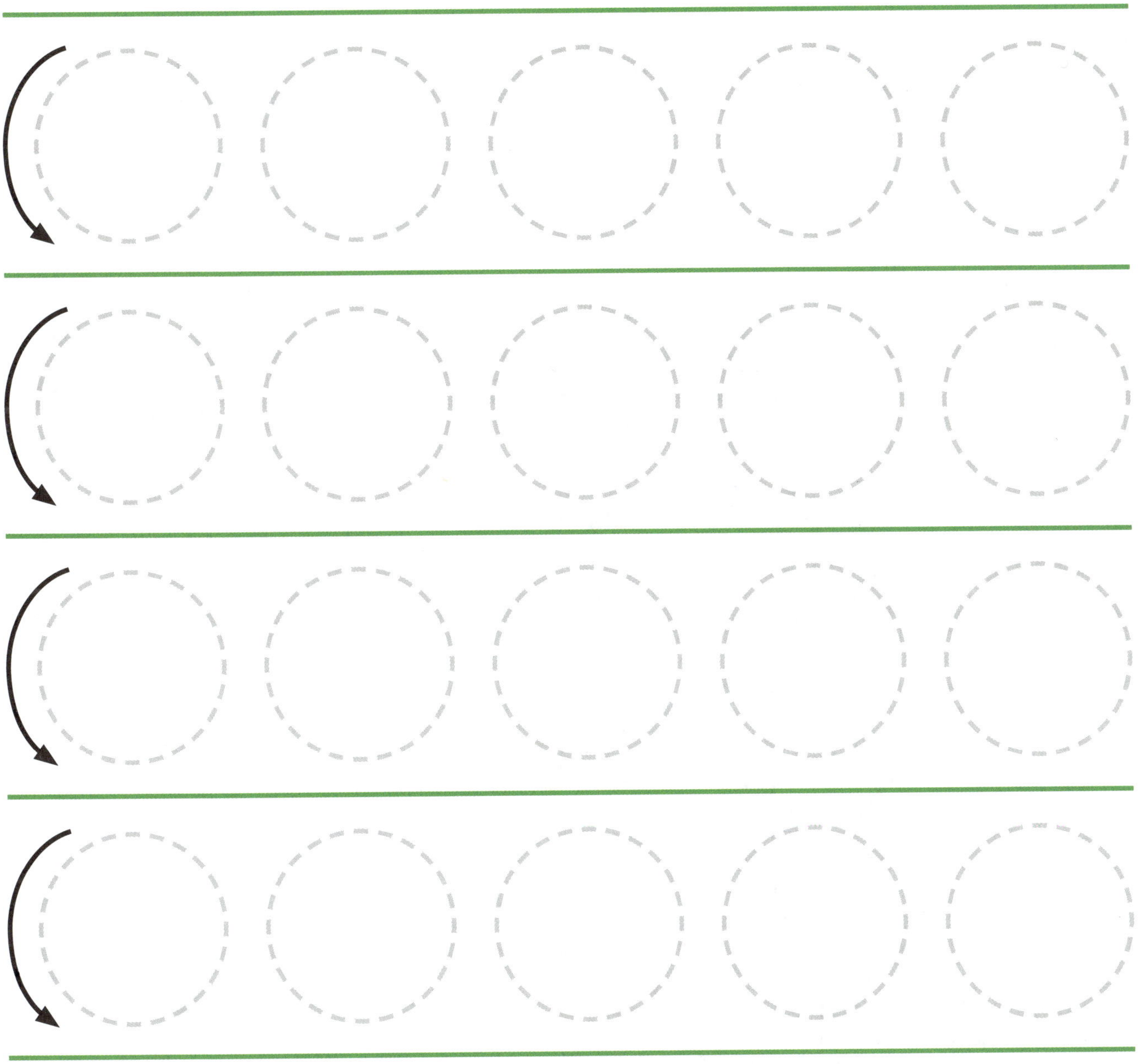

DÍA 5

Reconocimiento de figuras

Esto es un *rectángulo* (rectangle).

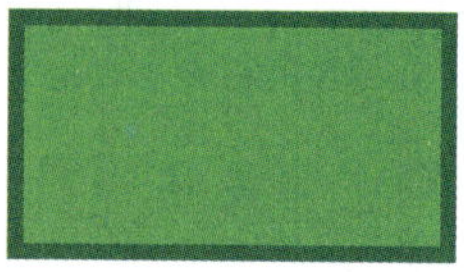

Colorea los *rectángulos* (rectangles).

Habilidades motrices finas

DÍA 6

Traza las *líneas punteadas* (dashed lines).

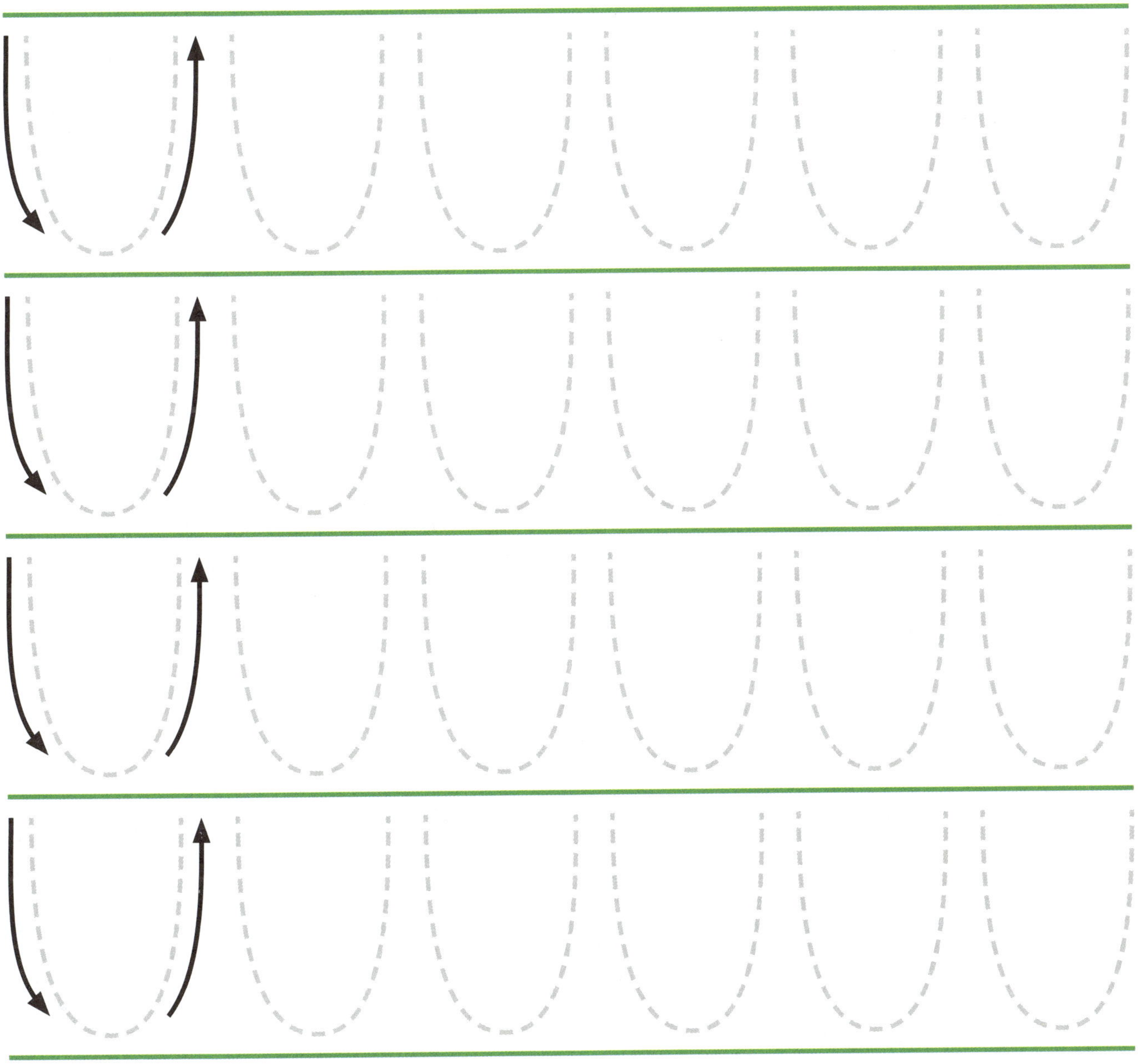

DÍA 6

Reconocimiento de figuras

Esto es un *óvalo* (oval).

Colorea los *óvalos* (ovals).

Números y conteo

DÍA 7

Cuenta 1 castillo.

Colorea 1 corona.

DÍA 7

Habilidades motrices finas

Usa un color diferente para trazar las cuerdas de cada cometa. Encierra en un círculo al niño que está volando la cometa verde.

Números y conteo

DÍA 8

Cuenta 2 garajes.

Colorea 2 autos.

DÍA 8

Reconocimiento de figuras

Esto es un *rombo* (rhombus).

Colorea los *rombos* (rhombuses).

Números y conteo

Cuenta 3 lápices.

Colorea 3 libros.

DÍA 9

Reconocimiento de figuras/Colores

Usa la clave para colorear cada figura.

◇ = rojo   ▭ = azul   △ = anaranjado
□ = verde   ○ = amarillo   ⬭ = morado

Números y conteo

DÍA 10

Cuenta 4 guitarras.

Colorea 4 campanas.

DÍA 10

Reconocimiento de figuras

Dibuja una X en cada objeto que tenga forma *circular* (circle).

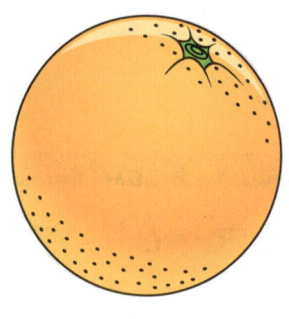

Números y conteo

DÍA 11

Cuenta 5 macetas.

Colorea 5 flores.

DÍA 11

Cuenta los objetos en cada fila. Encierra en un círculo el número que indique cuántos objetos hay.

🔴🔴🔴🔴🔴 (5 pelotas)	1 2 3 4 5
☀️☀️☀️ (3 soles)	1 2 3 4 5
🎩 (1 sombrero)	1 2 3 4 5
☂️☂️ (2 paraguas)	1 2 3 4 5
✏️✏️✏️✏️ (4 lápices)	1 2 3 4 5

Números y conteo

DÍA 12

Cuenta 6 peceras.

Colorea 6 peces.

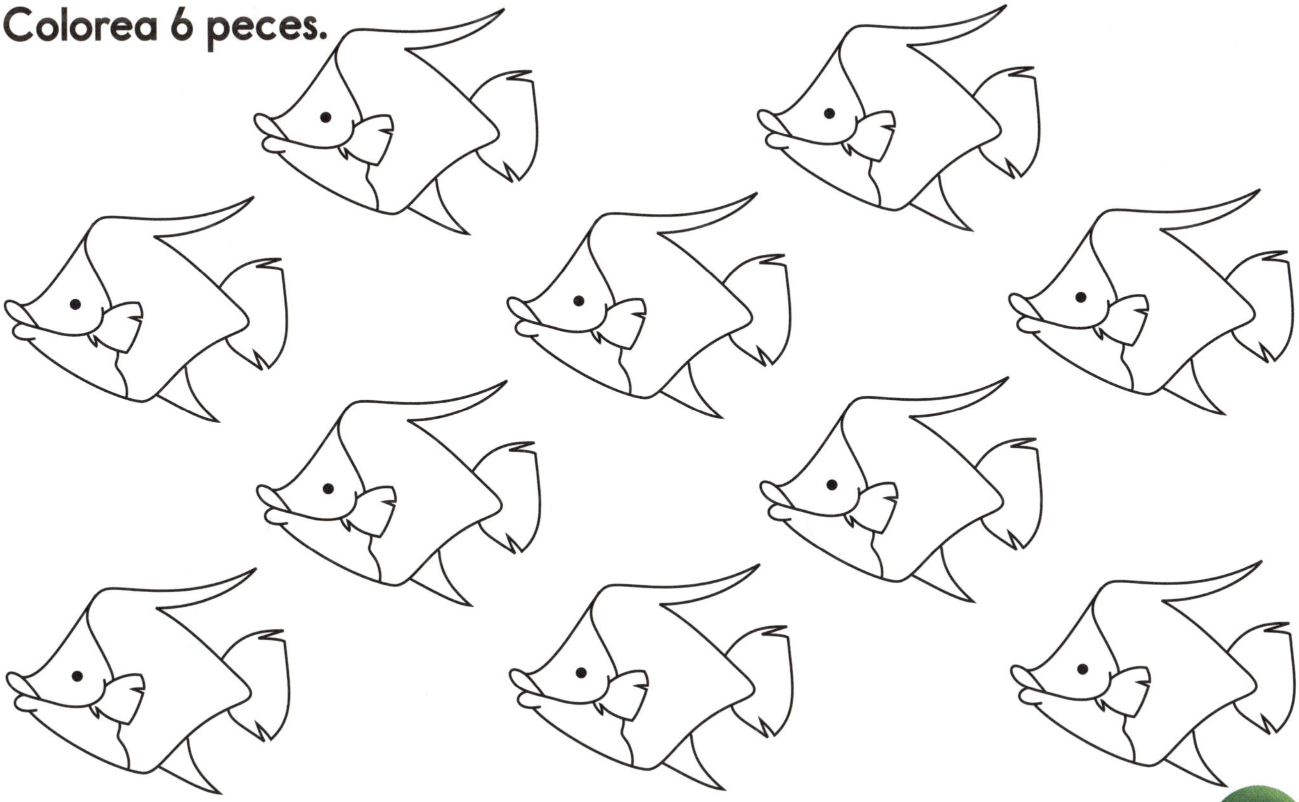

25
© Carson Dellosa Education

DÍA 12

Diferenciación visual

Encierra en un círculo los objetos de cada conjunto que sean del *mismo* (same) tamaño.

Ejemplo:

Números y conteo

DÍA 13

Cuenta 7 sombrillas.

Colorea 7 nubes.

DÍA 13

Diferenciación visual

Dibuja una línea que conecte cada *figura grande* (big shape) con la misma *figura pequeña* (little shape). Colorea las figuras iguales del mismo color.

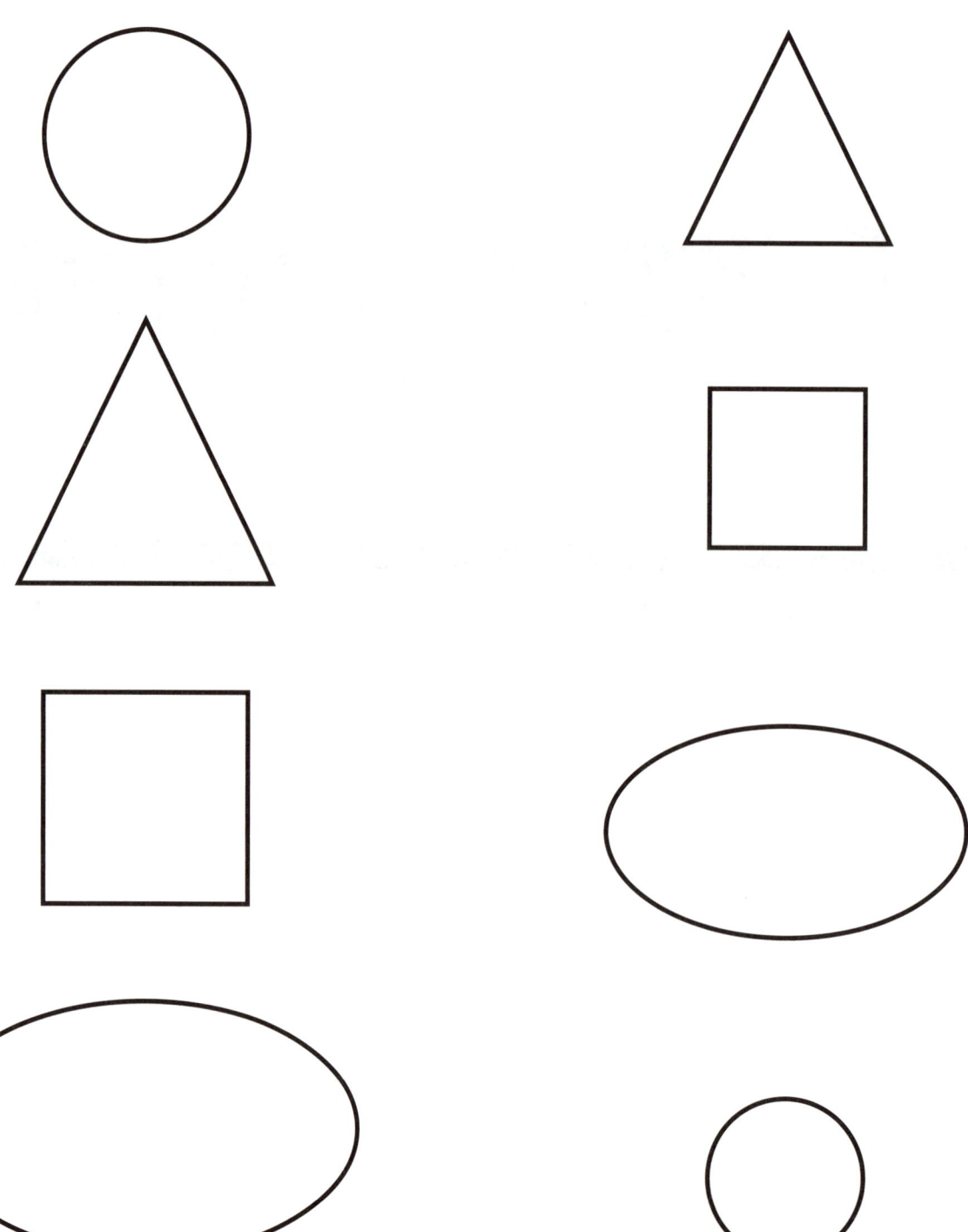

Números y conteo

DÍA 14

Cuenta 8 hojas.

Colorea 8 manzanas.

DÍA 14

Números y conteo

Cuenta los objetos de cada *conjunto* (set). Escribe el número en la línea.

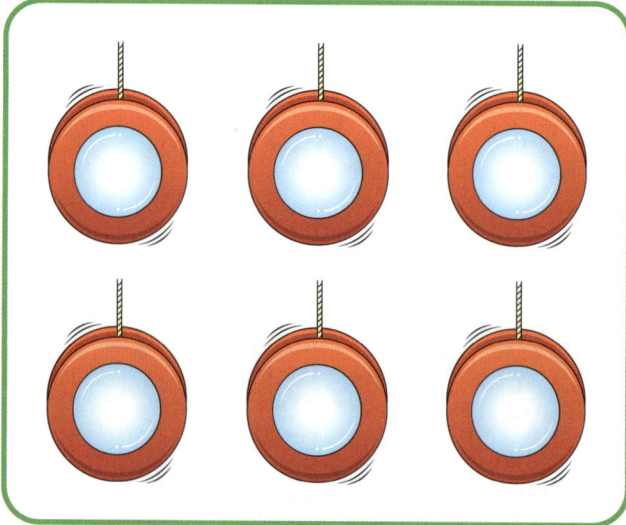

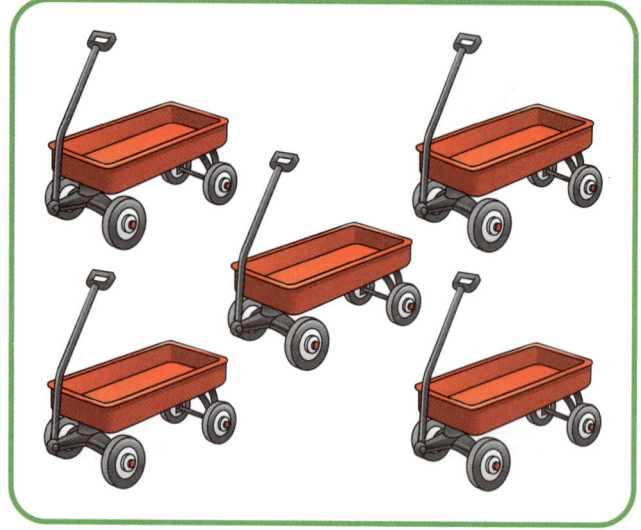

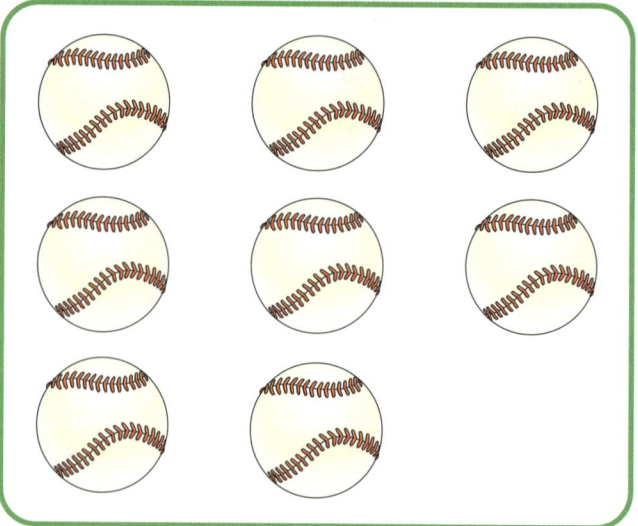

Números y conteo

DÍA 15

Cuenta 9 sándwiches.

Colorea 9 vasos de jugo.

DÍA 15

Números y conteo

Comienza en la ⭐ (estrella). Conecta los puntos del 0 al 5. Termina coloreando la imagen.

Números y conteo

DÍA 16

Cuenta 10 tarros de pintura.

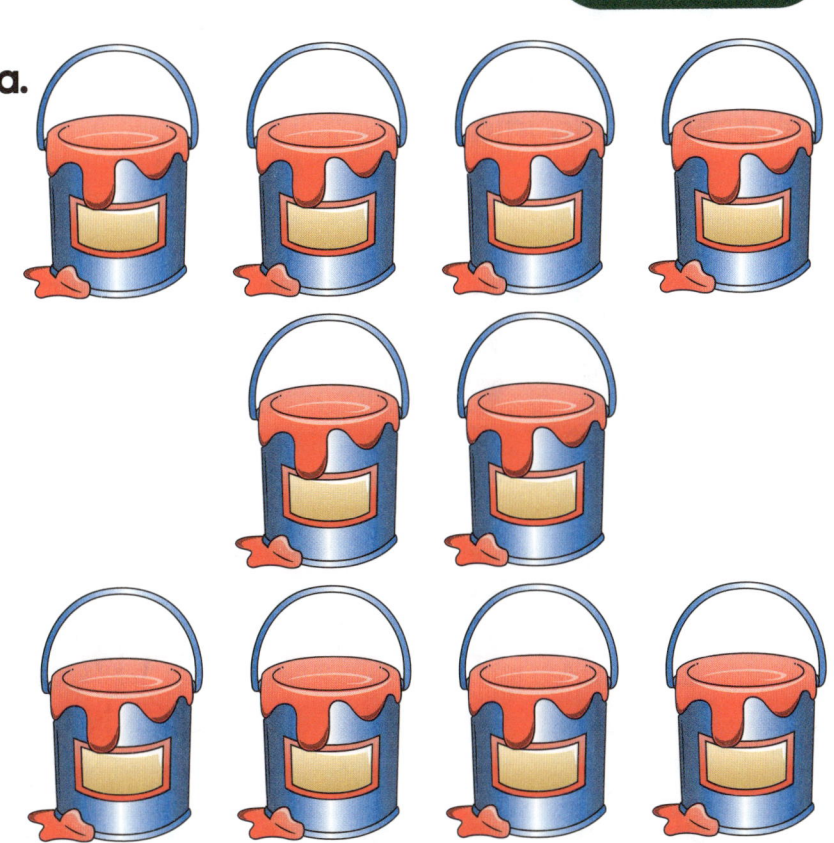

Colorea 10 brochas.

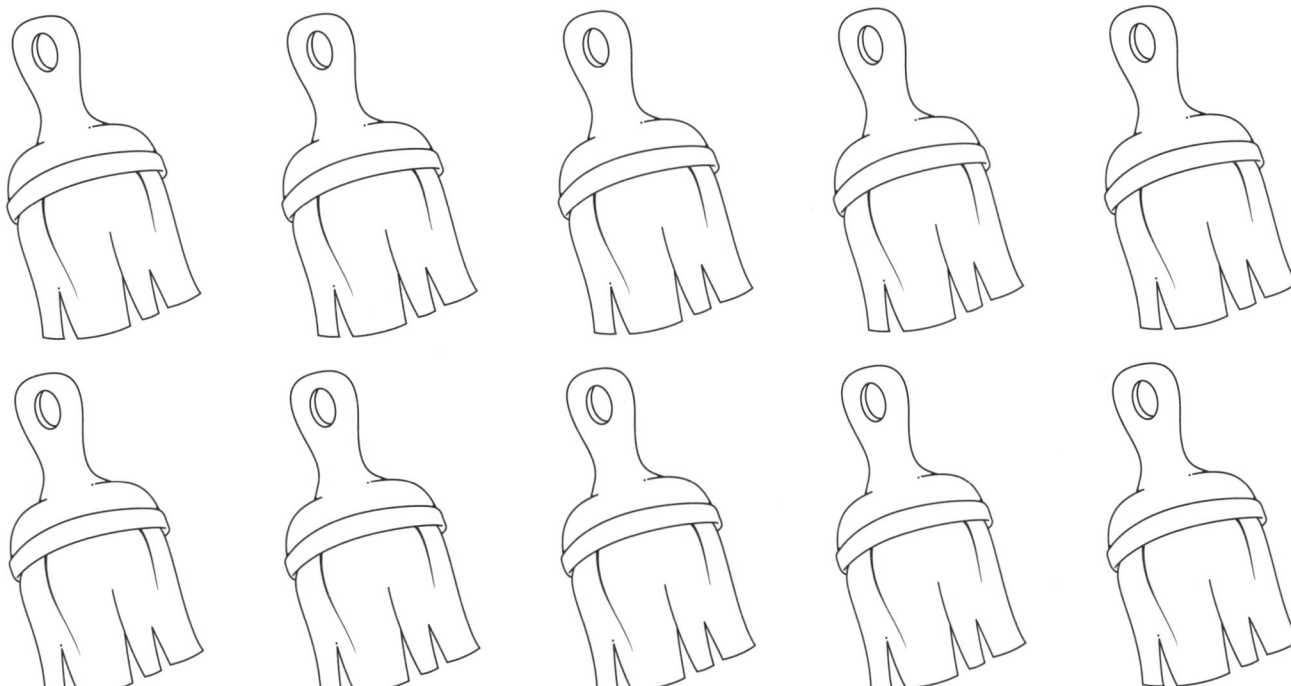

DÍA 16

Números y conteo

Comienza en la ⭐(estrella). Conecta los puntos del 0 al 10. Termina coloreando la imagen.

Haz una línea entre los números 0 al 10 para ayudar al caballo a encontrar el heno.

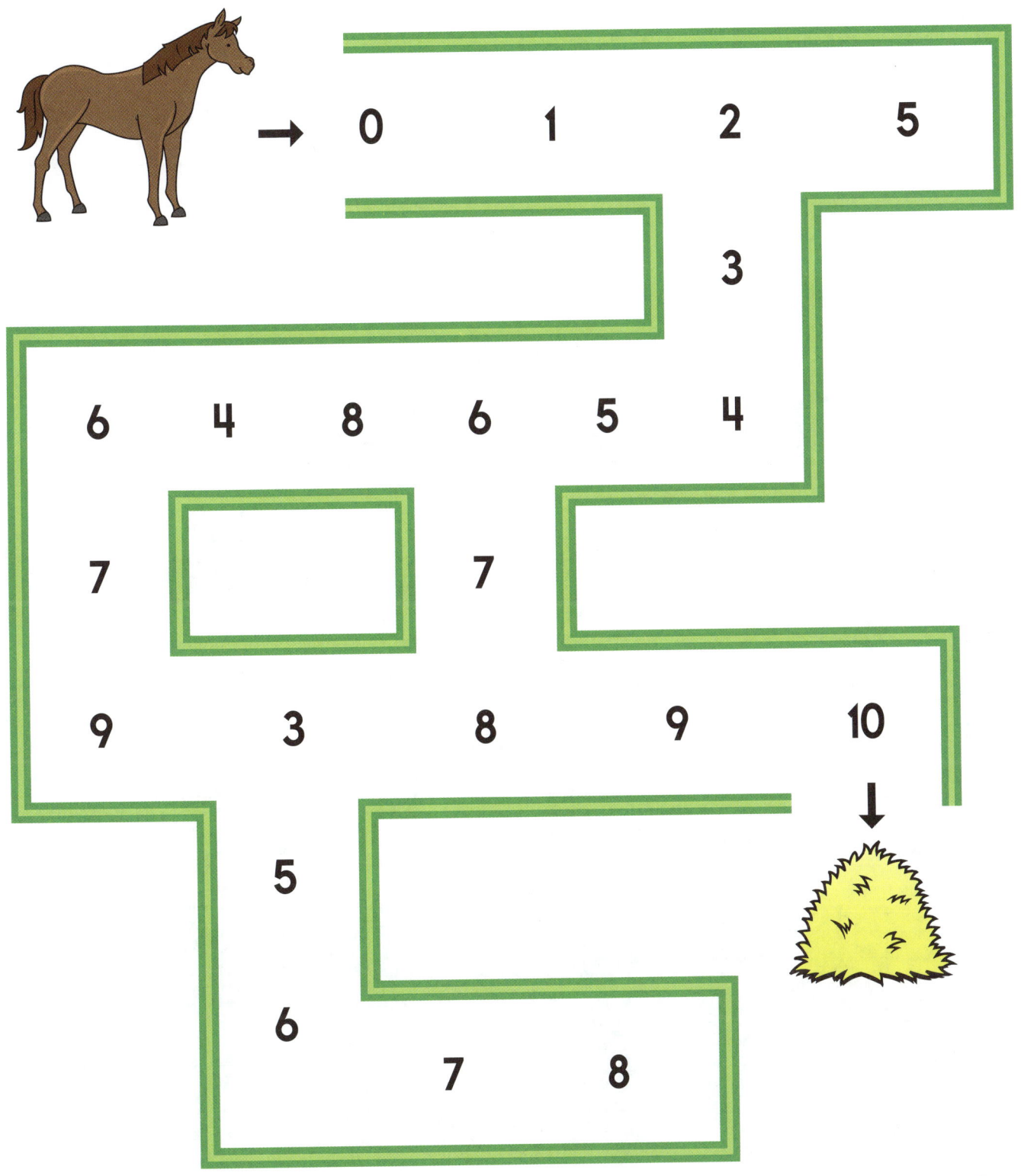

DÍA 17

Reconocimiento de figuras/Colores

Usa la clave para colorear cada figura.

◇ = rojo   ▭ = azul   △ = anaranjado
▫ = verde   ○ = amarillo   ⬭ = morado

Diferenciación visual

DÍA 18

Dibuja una línea en cada conjunto para unir un *objeto grande* (big object) con otro objeto grande. Dibuja una línea en cada conjunto para unir un *objeto pequeño* (little object) con otro objeto pequeño.

Ejemplo:

DÍA 18

Números y conteo

Cuenta los objetos en cada *conjunto* (set). Encierra en un círculo el número que indique cuántos objetos se muestran.

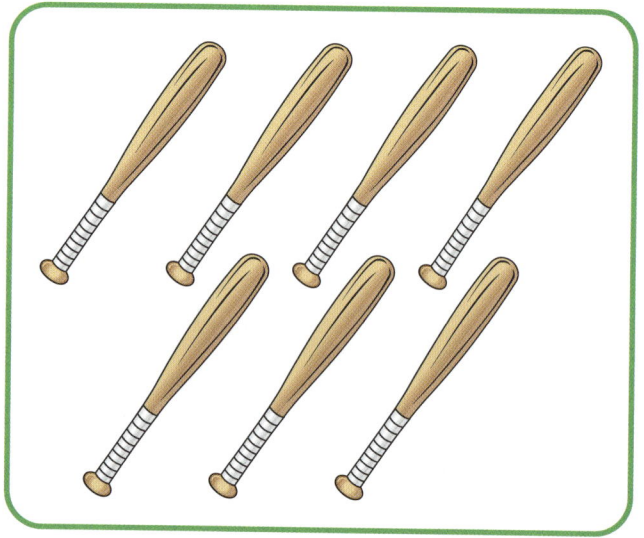

7   9   10

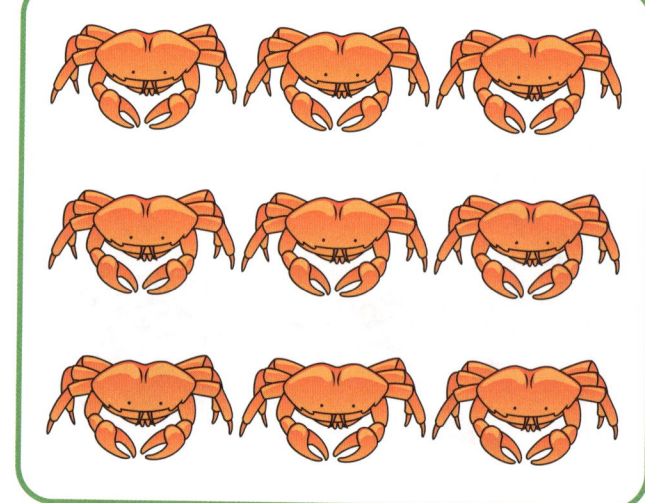

8   9   10

7   8   9

8   9   10

Diferenciación visual/Habilidades motrices finas

DÍA 19

Dibuja una línea para ayudar al perro a encontrar el hueso.

DÍA 19

Diferenciación visual

Colorea la primera *figura* (shape) de cada fila. Colorea las figuras iguales del mismo color.

Habilidades motrices finas

DÍA 20

Traza cada *figura* (shape) con un crayón de color diferente.

DÍA 20

Diferenciación visual

Dibuja una línea para unir cada *figura* (shape) con un objeto que tenga casi la misma forma.

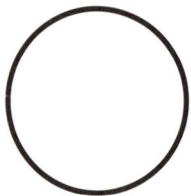

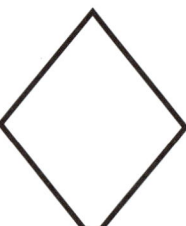

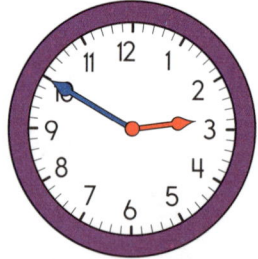

Experimento científico

Congelando agua

¿Qué pasa con el agua cuando está en el congelador? ¿Qué pasa cuando se saca del congelador?

Materiales:
- cuentagotas
- bandeja para cubos de hielo
- agua

Procedimiento:

Ayuda a tu hijo a usar el cuentagotas para colocar de 3 a 5 gotas de agua en cada sección de la bandeja para cubos de hielo. Coloca la bandeja en el congelador por 10 minutos aproximadamente o hasta que el agua se congele. Cuando esté congelada, retira un cubo de hielo de la bandeja y colócalo en la mano de tu hijo. Pregúntale lo siguiente:

1. ¿Qué pasó con el agua en el congelador? _____

2. ¿Qué pasó con el hielo cuando lo sostuviste? _____

3. ¿Se tardó más el agua en congelarse o en derretirse? _____

4. ¿Por qué crees que el agua se congeló? _____

5. ¿Por qué crees que el hielo se derritió? _____

Actividades de acondicionamiento físico

Estira y adivina

Pide a tu hijo que piense en 3 animales. ¿Cómo cree él que estos animales se estiran al levantarse?

Dile que practique el estiramiento de los animales que elija. Por ejemplo, si elige un gato, podría sentarse de rodillas y poner las manos en el suelo. Luego podría arquear la espalda como un gato. Podría maullar también, si quiere.

Una vez que haya practicado sus estiramientos de animales, pídele que los muestre a un público familiar. ¿Pueden los miembros de tu familia adivinar los animales que eligió?

Di los números con mímica

¡Deja que tu hijo muestre qué tan bien se sabe los números! Comienza diciendo un número y haz que tu hijo trate de imitar la forma de ese número con su cuerpo. Para el número uno, deberá estar parado en posición recta y estirar los brazos sobre su cabeza.

Para mostrar números más difíciles, como el dos, deberá ser creativo y flexible. También debe curvar los brazos y piernas. En algunos casos, quizá deba hacer una descripción verbal.

Luego, deja que tu hijo presente el número con mimica a un público familiar y los invite a adivinar o imitar los números.

* Ve la página ii.

© Carson Dellosa Education

Actividades para el desarrollo del carácter

Tomar turnos

Ayuda a tu hijo a hacer un libro sobre tomar turnos. Dobla 3 o 4 hojas de papel en blanco por la mitad y grapa las hojas a lo largo del pliegue. Titula el libro *¡Yo tomo turnos!* y deja que tu hijo decore la cubierta.

Pide a tu hijo que dibuje cómo se turna durante un día o una semana. Por ejemplo, tu hijo podría dibujar cómo espera su turno para tomar agua de una fuente. Una vez que tu hijo haya llenado las páginas de su libro, invítalo a que comparta sus dibujos y explique cómo cada uno de ellos demuestra que se está turnando.

Las tres erres del respeto

Habla con tu hijo sobre lo que significa respetar, utilizando ejemplos con los que él pueda identificarse. Explica lo importante que es para tu hijo ser considerado con los sentimientos, las posesiones y las ideas de otra persona.

Presenta las tres erres del respeto: respeto por uno mismo, respeto por los demás y respeto por la Tierra. Habla de cómo tu hijo o hija puede mostrar respeto por cada una de ellas. A continuación, ayúdale a hacer una lista de acciones que puede llevar a cabo este verano para mostrar su respeto por lo anterior. Coloca la lista en un lugar visible para que le sirva de recordatorio de respeto.

Respetarme a mí mismo: puedo comer saludable.
Puedo hacer ejercicio con mamá.
Respetar a los demás: puedo tocar la puerta de la habitación de Tadeo.
Puedo darle a Charlie su comida para perros a tiempo.
Respetar la Tierra: puedo cerrar la llave mientras me lavo los dientes.
Puedo reciclar papel, latas y botellas de plástico.

Actividades de extensión al aire libre

¡Vamos afuera!

Juega «Veo formas» en el exterior. Busca un lugar cómodo para sentarte con tu hijo. En este juego, el primer jugador debe encontrar algo que tenga una forma distinta y comenzar el juego nombrando la forma. Por ejemplo, puede ver un trampolín y decir: «Veo un círculo». A continuación, describe el objeto de diversas maneras, como por ejemplo, por el color y el tamaño. Juega hasta comprobar que tu hijo conoce varias formas. Luego, permítele encontrar y nombrar diferentes formas y que te describa los objetos.

Ponte unos guantes de jardinería y juega con la tierra. Busca una zona arenosa o polvorienta. Invita a tu hijo a usar su dedo para practicar el dibujo de formas, números y letras en la arena o la tierra. Únete a tu hijo dibujando tus propias formas, letras y números. A continuación, examina sus conocimientos sobre estos conceptos clave. También pueden turnarse para dibujar imágenes que sirvan para iniciar una historia. Por ejemplo, dibujen una tortuga y un paraguas. Pide a tu hijo que te cuente una historia sobre sus dibujos. A continuación, pide a tu hijo que haga dos dibujos; utilízalos en un cuento y hablen de ese cuento.

¡Vayan de excursión por los números! Mientras caminan, desafía a tu hijo a contar grupos de cosas. ¿Cuántas mariquitas hay en esa hoja? ¿Cuántos autos hay estacionados en la manzana? ¿Ves más perros grandes o más perros pequeños? ¿Hay menos buzones con las banderas arriba que abajo? Busca oportunidades a lo largo del verano para ayudar a tu hijo a fijarse en los números. Tanto si se trata de los precios de un menú, como de la distancia que aparece en la señal de una autopista, muéstrale a tu hijo la importancia de los números en su mundo en crecimiento.

* Ve la página ii.

Objetivos mensuales

Piensa en tres objetivos que te gustaría fijarte este mes. Por ejemplo, tal vez quieras pasar más tiempo leyendo con tu familia. Pide a un adulto que te ayude a escribir tus objetivos en las líneas.

Coloca una estrella al lado de cada uno de los objetivos que completes. ¡Siéntete orgulloso de haber cumplido tus objetivos!

1. _____ COLOCA UNA ESTRELLA AQUÍ

2. _____ COLOCA UNA ESTRELLA AQUÍ

3. _____ COLOCA UNA ESTRELLA AQUÍ

Lista de palabras

En esta sección se utilizan las siguientes palabras. Es bueno que las conozcas. Lee cada palabra en voz alta con un adulto. Cuando veas una palabra de esta lista en una página, enciérrala en un círculo con tu color favorito de crayón.

black (negro)	orange (anaranjado)
blue (azul)	purple (morado)
brown (café)	red (rojo)
green (verde)	set (conjunto)
many (muchos)	yellow (amarillo)

SECCIÓN II

Introducción a la fuerza

Al final de esta sección hay actividades de acondicionamiento físico y de desarrollo del carácter que se centran en la fuerza. Estas actividades están diseñadas para que tu hijo se mueva y piense en fortalecer su cuerpo y su carácter. Completa estas actividades a lo largo del mes según el tiempo lo permita. Si tu hijo tiene una movilidad limitada, no dudes en modificar los ejercicios sugeridos para adaptarlos a sus capacidades individuales.

Fuerza física

Al igual que la flexibilidad, la fuerza es un componente importante de la buena salud. Muchos niños pueden pensar que las únicas personas que son fuertes son las que pueden levantar una enorme cantidad de peso. Sin embargo, la fuerza es algo más que la capacidad de levantar mancuernas pesadas. Explica a tu hijo que la fuerza se desarrolla con el tiempo y dile lo fuerte que se ha vuelto desde que era un niño pequeño. En esa época, él podía caminar por la acera. Y ahora puede correr por un campo de béisbol.

Existen muchas maneras en que los niños pueden adquirir fuerza. Tu hijo puede cargar las bolsas de las compras para fortalecer los brazos y andar en bicicleta para desarrollar las piernas. Los ejercicios clásicos, como las flexiones de brazos y las dominadas, también son fantásticos para desarrollar la fuerza.

Ayuda a tu hijo a establecer objetivos realistas y alcanzables para aumentar su fuerza en función de las actividades que le gustan. Durante los meses de verano, anima y elogia a tu hijo cuando adquiera y logre sus objetivos de fuerza.

Fortaleza de carácter

Mientras tu hijo desarrolla su fuerza física, guíalo para que trabaje también en su fortaleza interior. Explícale que tener un carácter fuerte significa defender sus valores, aunque los demás no estén de acuerdo con su punto de vista. Dile que no siempre es fácil demostrar la fortaleza interior. Háblale de ejemplos de la vida real, como una ocasión en la que otro niño se burló de él en el patio de recreo. ¿Cómo utilizó su fortaleza interior para manejar la situación?

Recuérdale a tu hijo que la fortaleza interior puede demostrarse de muchas maneras. Por ejemplo, tu hijo puede demostrar su fortaleza siendo honesto, defendiendo a alguien que necesita su ayuda y dando lo mejor de sí mismo en cada tarea. Aprovecha el tiempo que pasen juntos durante el verano para ayudar a tu hijo a desarrollar su fuerza, tanto física como emocional. Busca momentos para reconocer cuando él o ella haya demostrado fortaleza de carácter para que pueda ver el crecimiento positivo que ha logrado en su interior y su exterior.

Números y conteo

DÍA 1

Cuenta 11 pelotas de béisbol.

Colorea 11 gorras.

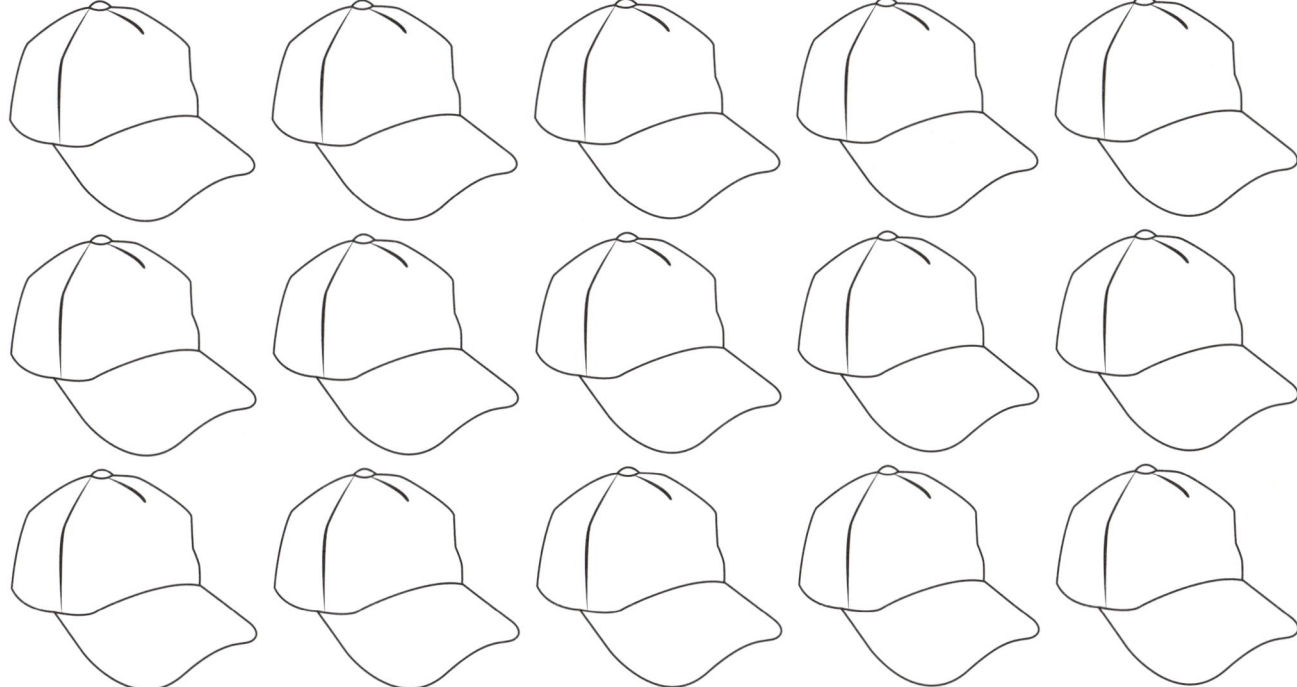

DÍA 1

Números y conteo

Cuenta los objetos que hay en cada *conjunto* (set). Encierra en un círculo el número que indique la cantidad correcta.

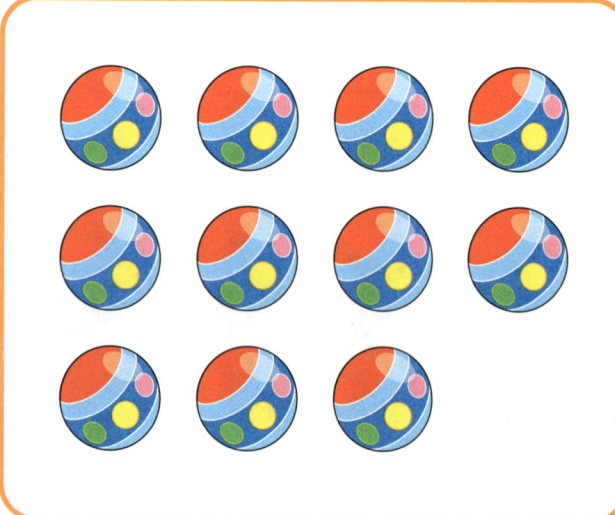

10   11

10   11

10   11

10   11

Números y conteo

DÍA 2

Cuenta 12 lunas.

Colorea 12 estrellas.

DÍA 2

Colores

Colorea las imágenes de *rojo* (red).

fresa

señal de pare

cerezas

manzana

Caligrafía/Fonética

DÍA 3

  apple

Traza y escribe cada *letra* (letter).

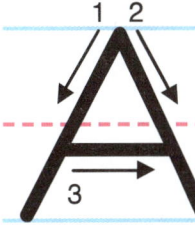

Encierra en un círculo las imágenes que comiencen como .

dog

rainbow

astronaut

alligator

ant

53

DÍA 3

Colorea las imágenes de *anaranjado* (orange).

calabaza

zanahoria

pez

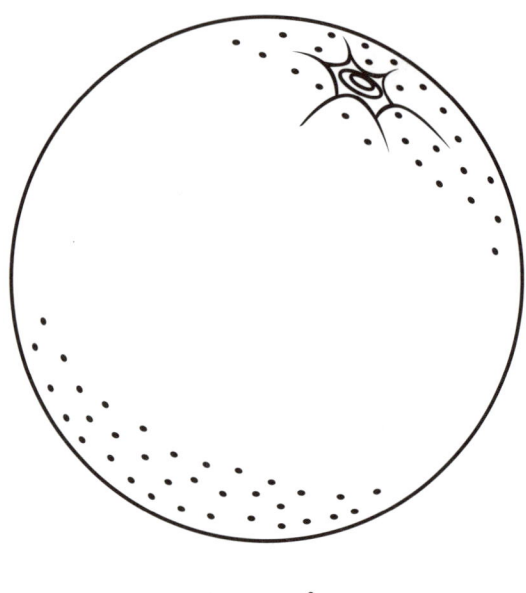
naranja

Caligrafía/Fonética

DÍA 4

  balloon

Traza y escribe cada *letra* (letter).

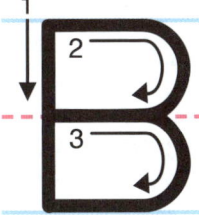

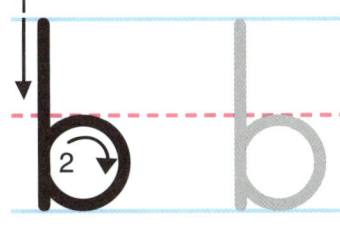

Encierra en un círculo las imágenes que comiencen como .

bird

sock

horse

ball

bee

55

© Carson Dellosa Education

DÍA 4

Colores

Colorea las imágenes en *amarillo* (yellow).

sol

pollito

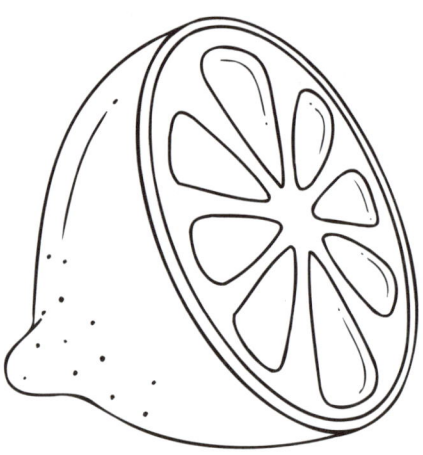

limón

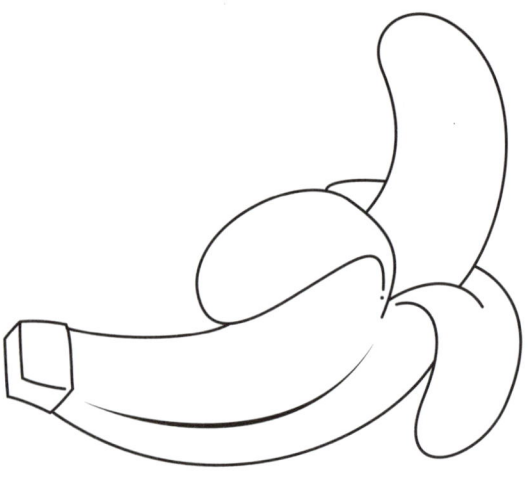

banana

Caligrafía/Fonética

DÍA 5

  cake

Traza y escribe cada *letra* (letter).

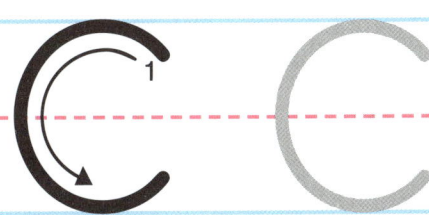

Encierra en un círculo las imágenes que comiencen como .

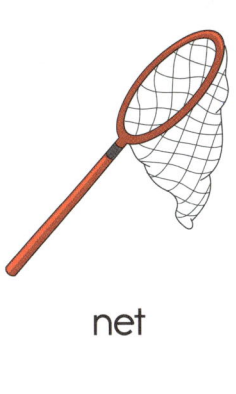
net

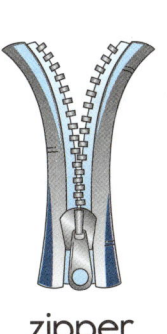
zipper

car

carrot

cat

DÍA 5

Colorea las imágenes de *verde* (green).

árbol

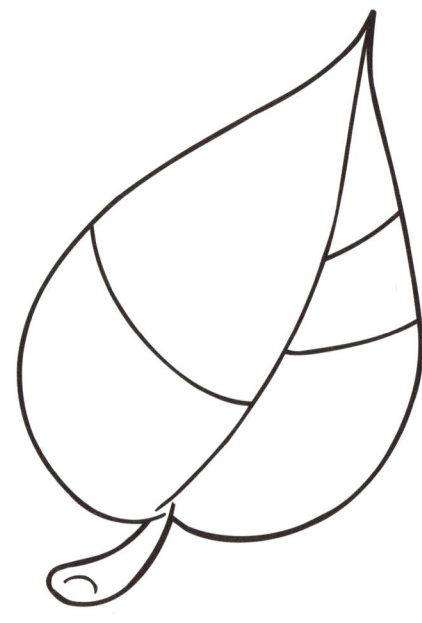
hoja

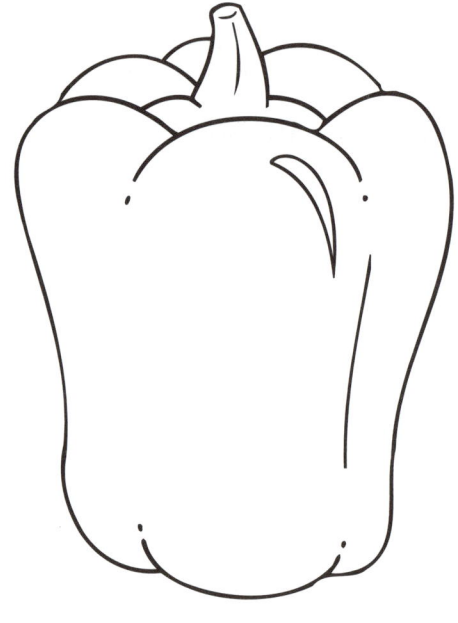
pimiento

sapo

Caligrafía/Fonética

DÍA 6

dog

Traza y escribe cada *letra* (letter).

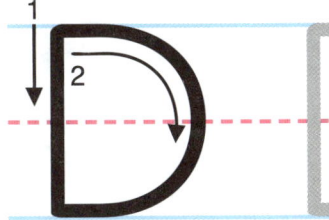

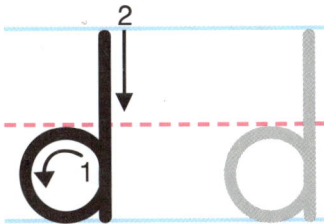

Encierra en un círculo las imágenes que comiencen como .

desk

fish

jar

doll

duck

59

© Carson Dellosa Education

DÍA 6

Colores

Colorea las imágenes de *azul* (blue).

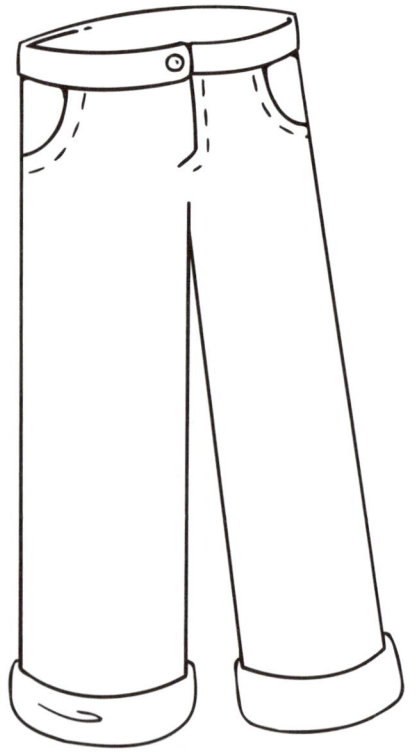

pantalones

azulejo

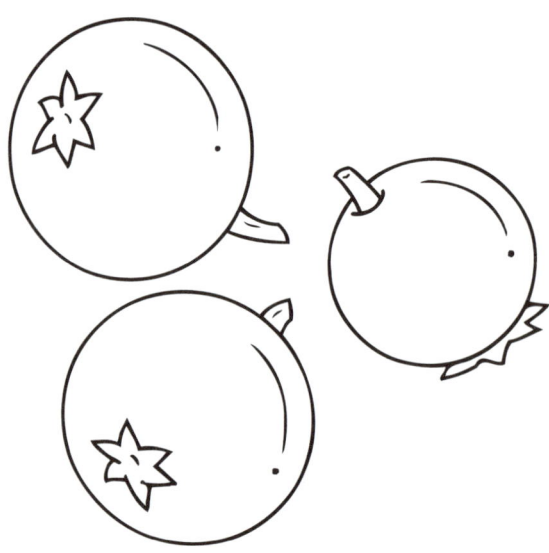

arándanos

cinta

Caligrafía/Fonética

DÍA 7

  egg

Traza y escribe cada *letra* (letter).

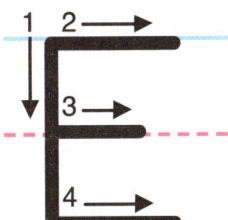

Encierra en un círculo las imágenes que comiencen como .

eggplant

violin

envelope

banana

elephant

DÍA 7

Colorea las imágenes de *morado* (purple).

uvas

pensamiento

ciruela

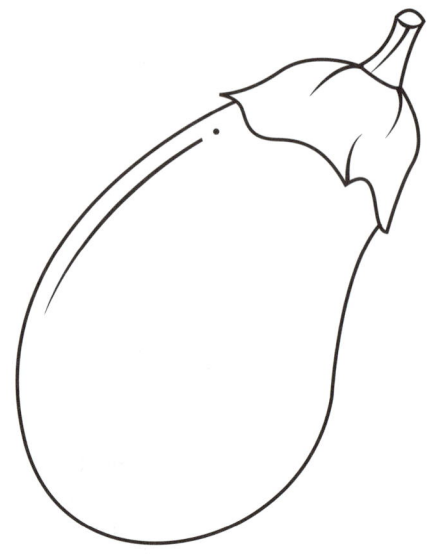

berenjena

Caligrafía/Fonética

DÍA 8

F f

 fish

Traza y escribe cada *letra* (letter).

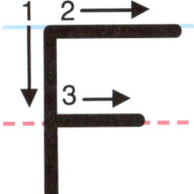 F

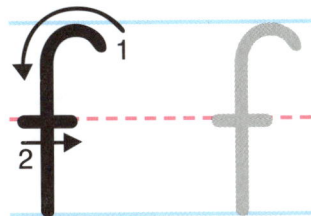 f

Encierra en un círculo las imágenes que comiencen como 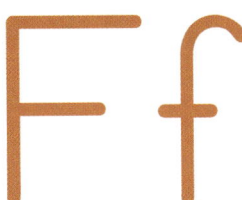.

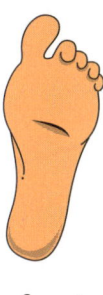
foot

fan

ball

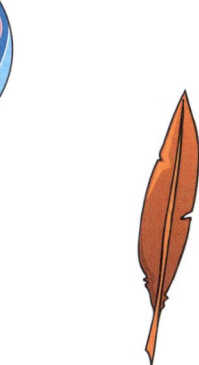
feather

sun

63

DÍA 8

Colorea las imágenes de *negro* (black).

llanta

oso

sombrero de copa

cuervo

Caligrafía/Fonética

DÍA 9

Gg

guitar

Traza y escribe cada *letra* (letter).

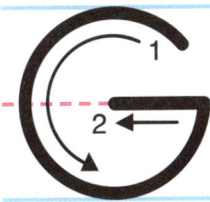 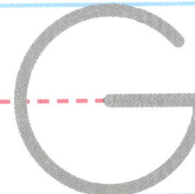

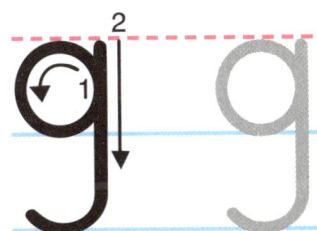

Encierra en un círculo las imágenes que comiencen como .

gift

turtle

can

goggles

goat

DÍA 9

Colores

Colorea las imágenes de *marrón* (brown).

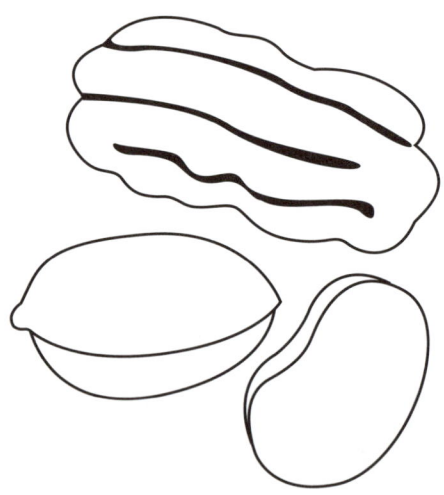

nueces

oso de peluche

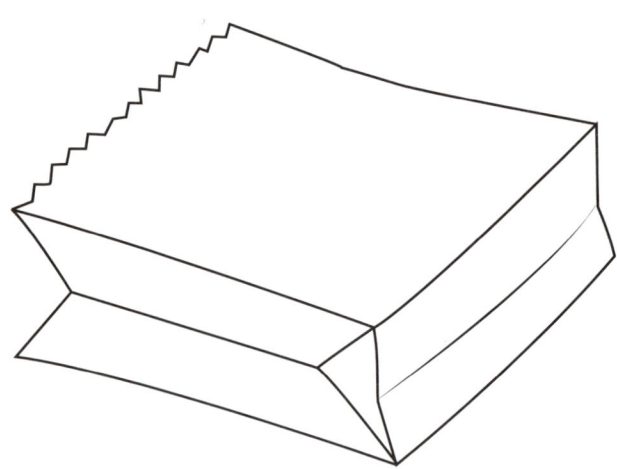

bolsa de papel

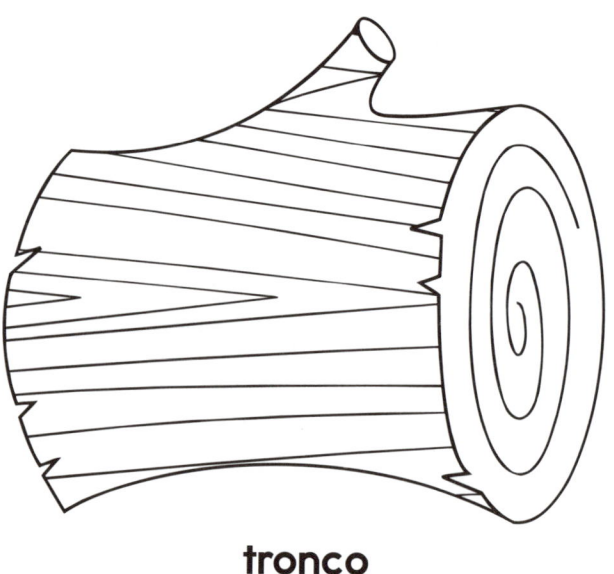

tronco

Caligrafía/Fonética

DÍA 10

Hh horse

Traza y escribe cada *letra* (letter).

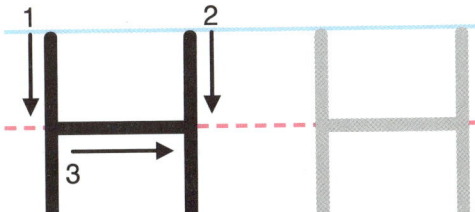

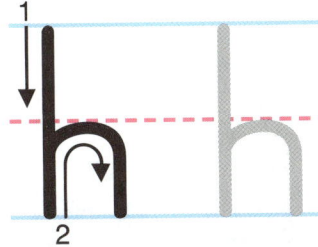

Encierra en un círculo las imágenes que comiencen como .

hammer   apple   hat   fork   house

67

DÍA 10

Números y conteo

Cuenta los objetos en cada *conjunto* (set). Encierra en un círculo el número que indique la cantidad correcta.

3   4   5

3   4   5

2   3   4

4   5   6

3   4   5

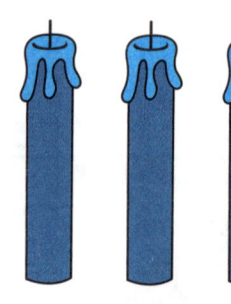 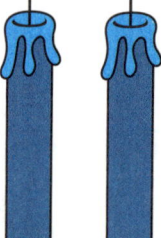 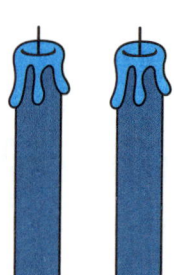

5   6   7

Caligrafía/Fonética

DÍA 11

igloo

Traza y escribe cada *letra* (letter).

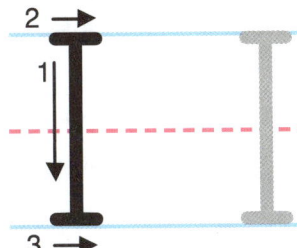

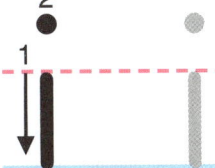

Encierra en un círculo las imágenes que comiencen como .

iguana

duck

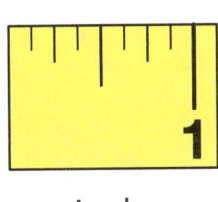

inch

lock

ink

69

© Carson Dellosa Education

DÍA 11

Números y conteo

Cuenta los objetos en cada *conjunto* (set). Encierra en un círculo el número que indique la cantidad correcta.

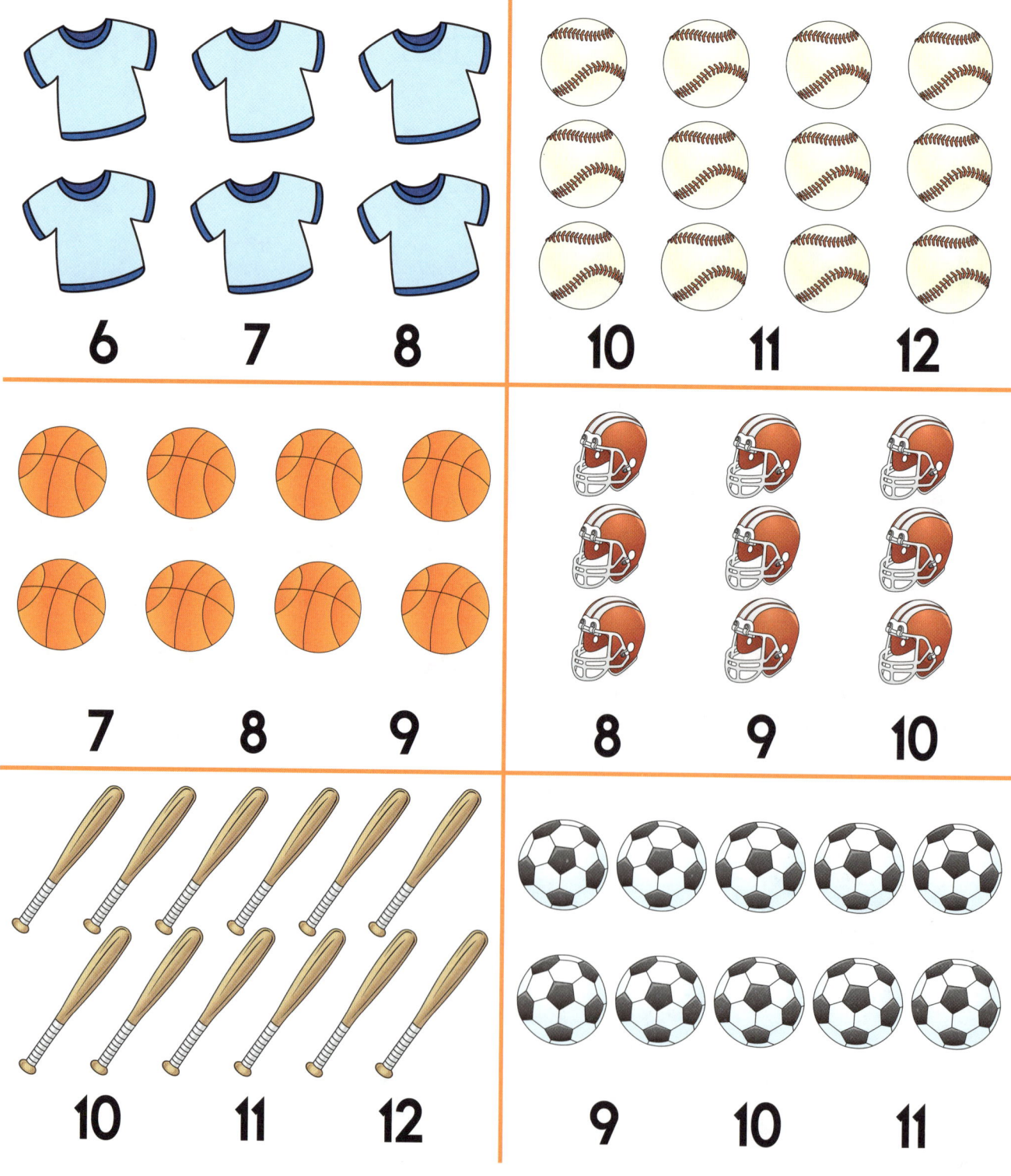

Caligrafía/Fonética

DÍA 12

J j

 jar

Traza y escribe cada *letra* (letter).

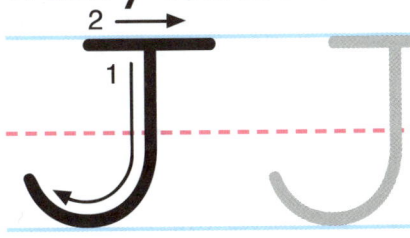

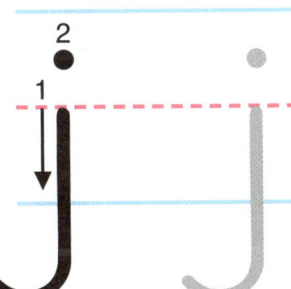

Encierra en un círculo las imágenes que comiencen como .

jack-in-the-box

jet

goat

jelly beans

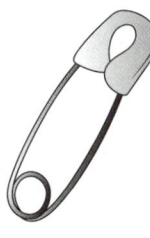
pin

71
© Carson Dellosa Education

DÍA 12

Colores

Colorea cada imagen.

rojo anaranjado amarillo

verde azul morado

negro marrón

Caligrafía/Fonética

DÍA 13

Kk

king

Traza y escribe cada *letra* (letter).

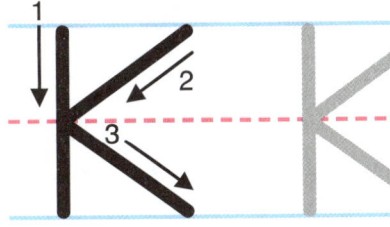

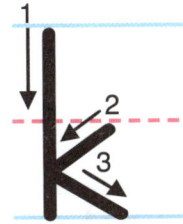

Encierra en un círculo las imágenes que comiencen como .

keys

kangaroo

kite

tiger

pencil

73
© Carson Dellosa Education

DÍA 13

Fonética

Di el nombre en inglés de cada imagen. Encierra en un círculo la letra con la cual comienza el sonido.

Ejemplo:

a ⓑ l

f j d

f d i

c e b

j c h

g a k

m i c

d k j

g h l

Caligrafía/Fonética

DÍA 14

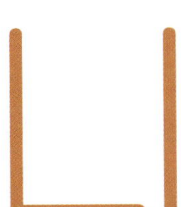

lemon

Traza y escribe cada *letra* (letter).

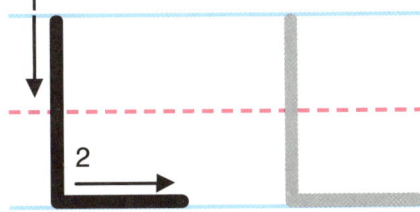

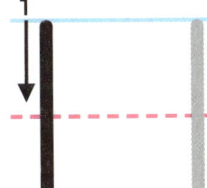

Encierra en un círculo las imágenes que comiencen como .

lamp

hammer

book

lion

leaf

75

DÍA 14

Números y conteo

Escribe el siguiente número en cada cuadro.

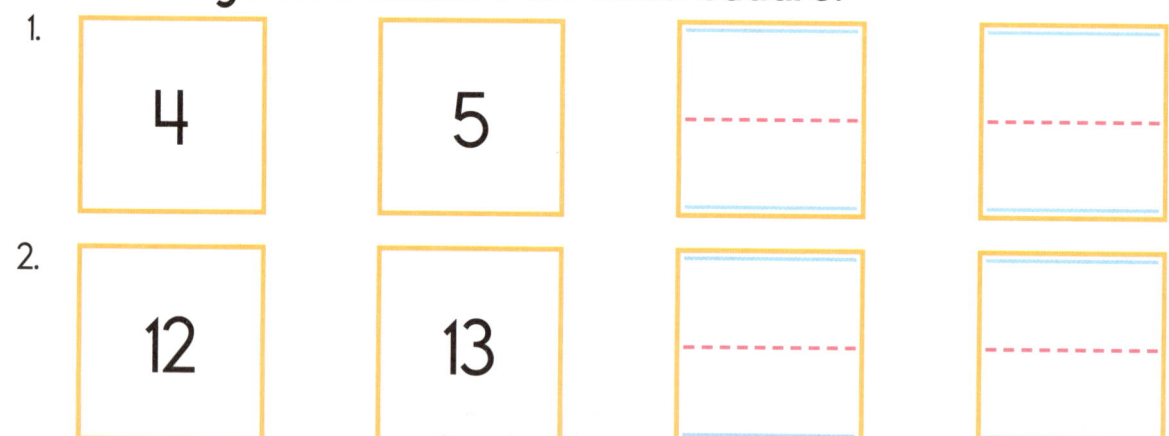

Omar vio cuatro perros, un pájaro, cinco gatos y dos peces en una tienda para mascotas hoy. Colorea la *gráfica* (graph) para mostrar el número de cada animal que vio.

3. Omar vio más _____ que cualquier otro animal.

Caligrafía/Fonética

DÍA 15

 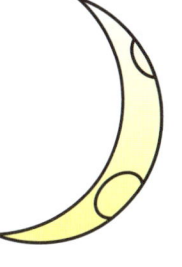 moon

Traza y escribe cada *letra* (letter).

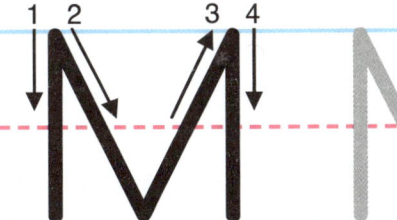

Encierra en un círculo las imágenes que comiencen como 🌙.

mop

kite

tree

mitten

mouse

77

DÍA 15

Diferenciación visual/Medidas

Encierra en un círculo el objeto más grande de cada grupo.

1.

2.

Encierra en un círculo el objeto más pequeño de cada grupo.

3.

4.

Encierra en un círculo el objeto con mayor capacidad de cada grupo.

5.

6.

Encierra en un círculo el objeto con menor capacidad de cada grupo.

7.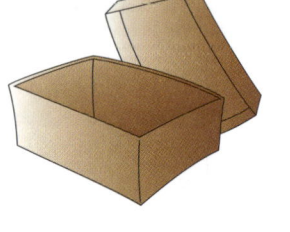

8.

Caligrafía/Fonética

DÍA 16

  nail

Traza y escribe cada *letra* (letter).

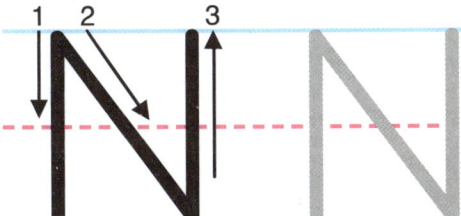

Encierra en un círculo las imágenes que comiencen como .

nuts

lemon

net

carrot

nest

79

© Carson Dellosa Education

DÍA 16

Gramática, lengua y literatura

Describe cada imagen. Luego, dibuja una línea desde cada imagen hasta la palabra que indique dónde está algo.

debajo

en

junto a

en

encima

Caligrafía/Fonética

DÍA 17

ostrich

Traza y escribe cada *letra* (letter).

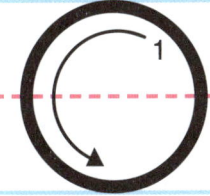
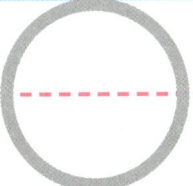

Encierra en un círculo las imágenes que comiencen como .

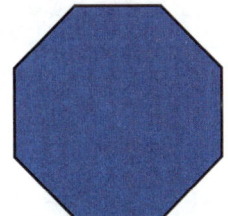

bone　　　　　olive　　　　　octagon

octopus　　　　wagon

81
© Carson Dellosa Education

DÍA 17

Reconocimiento de figuras/Colores

Usa la clave para colorear cada figura.

◇ = rojo   ▢ = morado   ◁ = anaranjado
▭ = azul   ◯ = amarillo   ◍ = verde

Caligrafía/Fonética

DÍA 18

  pumpkin

Traza y escribe cada *letra* (letter).

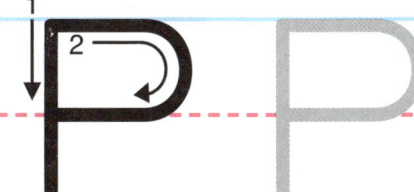

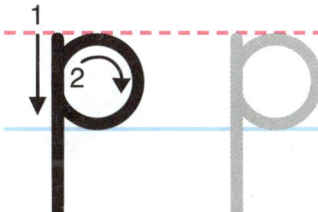

Encierra en un círculo las imágenes que comiencen como .

yarn

igloo

pear

penguin

pie

83

© Carson Dellosa Education

DÍA 18

Clasificación

Encierra en un círculo los *seres vivos* (living things).

pájaro muñeca flor

televisor pez tortuga

perro auto

Caligrafía/Fonética

DÍA 19

  queen

Traza y escribe cada *letra* (letter).

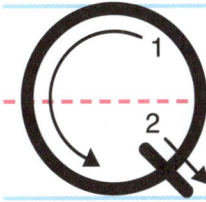

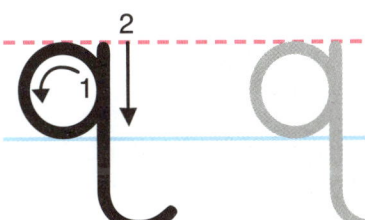

Encierra en un círculo las imágenes que comiencen como .

yo-yo

quilt

25¢
quarter

ant

quail

Caligrafía/Fonética

DÍA 19

Diferenciación visual

Dibuja una línea para unir cada tarjeta con el sobre que tenga la misma *figura* (shape) y *tamaño* (size).

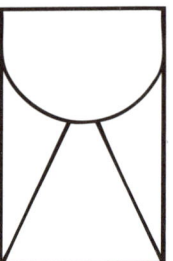

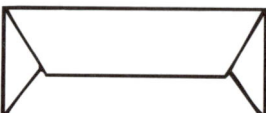

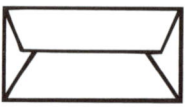

Caligrafía/Fonética

DÍA 20

  rocket

Traza y escribe cada *letra* (letter).

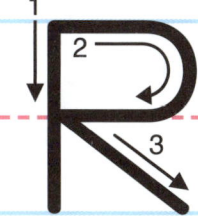 

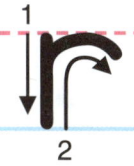 r

Encierra en un círculo las imágenes que comiencen como .

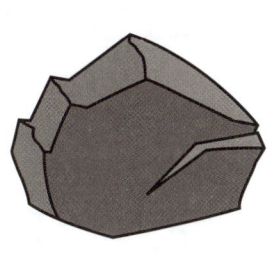
rock

rabbit

giraffe

ring

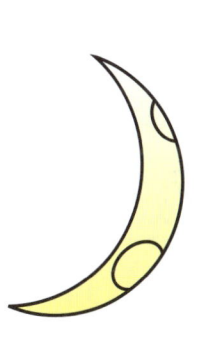
moon

87

© Carson Dellosa Education

DÍA 20

Diferenciación visual

Encierra en un círculo las *letras mayúsculas* (uppercase letters) que sean iguales en cada conjunto.

Ejemplo:

(F)	E	(F)	P	R	R	W	W	V
B	(F)	A	R	H	D	W	Y	W
G	O	G	E	D	X	H	H	H
G	Y	C	D	D	L	Y	H	Z
O	Q	G	N	M	N	L	F	T
Q	Q	C	N	N	Z	C	T	T

Experimento científico

Absorbiendo Agua

¿Qué sustancias absorben más agua?

Materiales:
- gotero
- tijeras
- taza de agua
- cartón de huevos
- cuchara

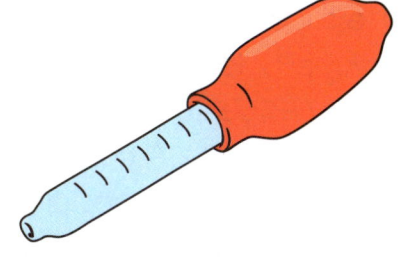

Sustancias:
- papel de cocina
- esponja
- papel higiénico
- tierra
- papel aluminio
- papel periódico
- papel encerado
- algodón
- ropa
- arena
- cartulina

Procedimiento: Ayuda a tu hijo a ubicar una pequeña cantidad de cada sustancia en una sección separada del cartón de huevos. Usa la cuchara para echar la tierra y la arena en el cartón de huevos. Usa el gotero para agregar lentamente entre 5 y 10 gotas de agua en cada sección. Agrega la misma cantidad de agua en cada sustancia. Observa cómo la sustancia absorbe o no el agua. Pregúntale a tu hijo lo siguiente:

1. ¿Qué sustancias absorbieron el agua? _____

2. ¿Qué sustancias no absorbieron el agua? _____

3. ¿Qué sustancias absorbieron más agua? _____

4. En este experimento, ¿qué significa la palabra sustancia? ¿Qué otra sustancia podrías usar? _____

Actividades de acondicionamiento físico

Flexión

Muéstrale a tu hijo cómo hacer una flexión de brazos. Háblale de la fuerza que requiere la parte superior del cuerpo para hacer una flexión y deja que intente hacer una. Si lo consigue, pídele que intente hacer otra. Si tiene problemas para hacer una flexión, celebra su esfuerzo y habla de lo difícil que puede ser este ejercicio (especialmente si te costó hacerlo). A continuación, ayúdale a realizar una flexión modificada con las rodillas dobladas y los pies en el suelo. Una vez que haya completado unas cuantas flexiones con éxito, desafíalo a realizar tantas flexiones como pueda. Recuérdale que mantenga la espalda recta. Anímalo a seguir haciendo series de flexiones varias veces por semana. Al final del verano, comprueba cuántas series puede completar tu hijo. Comenta con él las mejoras que haya demostrado.

Sentadillas de pared

Haz que tu hijo se pare recto, con la espalda sobre la pared. Pídele que coloque sus piernas delante de él. Luego, deberá doblar las rodillas y deslizarse por la pared hasta estar en posición de sentado. Ahora, deberá pararse y «sentarse» la mayor cantidad de veces posible. Deja que practique diariamente por una semana. Escribe cuántas sentadillas de muro realiza cada día. ¿Qué nota tu hijo a medida que sus piernas se fortalecen?

Domingo _____   Lunes _____

Martes _____   Miércoles _____

Jueves _____   Viernes _____

Sábado _____

* Ve la página ii.

«Tira y afloja»

Haz que tu familia o tus vecinos participen en un juego amistoso de tira y afloja. Utiliza una cuerda fuerte o ata varios trozos de tela resistentes. Marca el punto medio con un pañuelo de colores vivos y coloca un indicador recto, como una regla, en el suelo.

Para la primera ronda, asigna equipos desiguales colocando a los jugadores más fuertes, o a más jugadores, en un equipo. Después de que el equipo con la ventaja injusta gane, pídele a tu hijo que te diga por qué cree que ganó ese equipo. A continuación, habla de lo que significa ser justo utilizando ejemplos con los que tu hijo pueda identificarse, como tratar a los demás de la misma forma en que quiere ser tratado.

A continuación, ayuda a tu hijo a conformar de nuevo los equipos para que el juego sea más justo. Celébralo en grupo con una merienda de verano, ¡como una sandía cortada en porciones justas e iguales!

Invitación a la integridad

Habla con tu hijo acerca de lo que significa tener integridad utilizando ejemplos con los que él o ella pueda identificarse, como defender aquello que cree. A continuación, fija un momento para celebrar una reunión familiar en la que se hable de los valores de tu familia. Esta reunión debe incluir una discusión sobre las normas y reglas que siga tu familia o que se comprometa a seguir.

A continuación, proporciona a tu hijo materiales de manualidades y pídele que le haga a cada miembro de la familia una invitación para una reunión familiar. Asegúrate de que incluya la hora, la fecha y el lugar de la reunión. Pídele que entregue las invitaciones o las presente durante un momento familiar, como el desayuno o la cena.

Involucra a tu hijo lo máximo posible durante la reunión. Utiliza una cartulina y un marcador para hacer una lista de las principales creencias de tu familia en un lenguaje sencillo. Después de la reunión, coloca la lista en un lugar visible como un recordatorio positivo de lo que significa la integridad para tu familia.

* Ve la página ii.

Actividades de extensión al aire libre

¡Vamos afuera!

Limpia tu barrio con tu hijo. Ponte ropa y guantes de protección y consigue dos bolsas de basura resistentes para que tú y tu hijo puedan recoger la basura afuera de tu casa, en un parque o en la playa. Mientras practicas el rasgo de carácter del respeto a la Tierra, aprovecha este momento para hablar de la importancia de cuidar el mundo que te rodea. Escucha las ideas de tu hijo y deja que se le ocurran posibilidades para hacer de la Tierra un lugar mejor para vivir.

Haz una búsqueda divertida del tesoro al aire libre con un toque del abecedario. Pide a tu hijo que escriba las letras del abecedario a lo largo del lado izquierdo de una hoja de papel. Invítalo a que saque su lista de letras y un lápiz para buscar objetos al aire libre que empiecen por cada letra del abecedario. Para las letras difíciles, como la *q* y la *x*, sé más flexible y ayúdale a registrar una *mariposa quieta* o una *flor extra*. Al llegar a casa, pídele a tu hijo que haga un dibujo para contar la búsqueda del tesoro. Haz que tu hijo te dicte un pie de foto que acompañe al dibujo.

El verano es el momento perfecto para empezar una colección. Si a tu hijo le interesan las rocas, las hojas o cualquier otro elemento que se encuentre en la naturaleza, anímalo a coleccionar una variedad de objetos. Proporciónale un recipiente para recoger sus tesoros. Una vez que haya encontrado varios objetos, pídele que los organice en grupos según sus similitudes. Por ejemplo, podría agrupar los objetos por color, forma o tamaño. Cuando haya completado su colección, ayúdale a encontrar una manera de decorar y exponer sus objetos.

* Ve la página ii.

SECCIÓN III

Objetivos mensuales

Piensa en tres objetivos que te gustaría fijarte este mes. Por ejemplo, quizá quieras aprender tres palabras nuevas cada semana. Pide a un adulto que te ayude a escribir tus objetivos en las líneas.

Coloca una estrella al lado de cada uno de los objetivos que completes. ¡Siéntete orgulloso de haber cumplido tus objetivos!

1. _____ COLOCA UNA ESTRELLA AQUÍ

2. _____ COLOCA UNA ESTRELLA AQUÍ

3. _____ COLOCA UNA ESTRELLA AQUÍ

Lista de palabras

Las siguientes palabras se utilizan en esta sección. Es bueno que las conozcas. Lee cada palabra en voz alta con un adulto. Cuando veas una palabra de esta lista en una página, enciérrala en un círculo con tu color de crayón favorito.

add (sumar)	more (más)
box (caja)	name (nombre)
fewer (menos)	number (número)
find (encontrar)	order (orden)
letter (letra)	word (palabra)

SECCIÓN III

Introducción a la resistencia

Esta sección incluye actividades de acondicionamiento físico y desarrollo del carácter que se centran en la resistencia. Estas actividades están diseñadas para que tu hijo se mueva y piense en desarrollar su resistencia física y mental. Si tu hijo tiene una movilidad limitada, no dudes en modificar los ejercicios sugeridos para adaptarlos a sus capacidades individuales.

Resistencia física

Muchos niños parecen tener una energía infinita y pueden correr, saltar y jugar durante horas. Sin embargo, es probable que otros niños no hayan desarrollado ese tipo de resistencia. La mejora de la resistencia requiere un ejercicio aeróbico regular, pues hace que el corazón lata más rápido y la persona respire más fuerte. Como resultado de la actividad aeróbica regular, el corazón se vuelve más fuerte y las células sanguíneas suministran oxígeno al cuerpo de manera más eficiente. Hay muchas maneras para que un niño haga ejercicio aeróbico sin que le parezca que está haciendo ejercicio. Saltar la cuerda y jugar a las atrapadas son algunos ejemplos.

El verano ofrece una variedad de oportunidades para reforzar la resistencia de tu hijo. Si ves que tu hijo se dirige al televisor, sugiérele una actividad que lo haga moverse. Explícale que, aunque hay momentos en los que una actividad relajada en el hogar es valiosa, es importante aprovechar las mañanas cálidas y los días soleados para salir al aire libre. Reserva los momentos menos activos para cuando esté oscuro, haga demasiado calor o llueva. Explícale la importancia de la actividad física e invítalo a acompañarte a dar un paseo, a montar en bicicleta o a jugar baloncesto.

Resistencia y desarrollo del carácter

La resistencia se aplica tanto a la mente como al cuerpo. Explica a tu hijo que la resistencia significa seguir con algo. Los niños pueden demostrar su resistencia mental todos los días. Por ejemplo, permanecer con una tarea cuando podría querer abandonarla y seguir con ella hasta terminarla son formas en las que un niño puede demostrar su resistencia.

Aprovecha el verano para ayudar a tu hijo a practicar su resistencia mental. Busca situaciones en las que pueda parecer frustrado o aburrido. Tal vez haya pedido clases de natación, pero después de unas cuantas clases a primera hora de la mañana, ya no se divierta tanto como había imaginado. Convierte este dilema en una oportunidad de aprendizaje. Es importante que los niños se sientan partícipes de la toma de decisiones, así que guía a tu hijo hacia algunos puntos clave a tener en cuenta, como que pidió permiso para tomar clases durante toda la primavera. Recuérdale que solo ha tomado unas pocas lecciones, por lo que podría acostumbrarse a las prácticas de madrugada. Hazle saber que tiene opciones para que su experiencia sea más agradable, como acostarse un poco antes o dormir unos minutos más durante el trayecto matutino a las clases. Explícale que renunciar debe ser el último recurso. Enseñar a tu hijo a una edad temprana a resistir le ayudará a seguir desarrollándose como una persona sana y feliz.

Caligrafía/Fonética

DÍA 1

Ss
sun

Traza y escribe cada *letra* (letter).

 s

---

Encierra en un círculo las imágenes que comiencen como .

  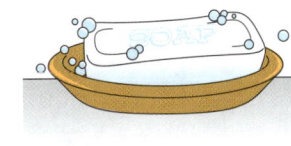

sandwich   socks   soap

keys   pear

95

© Carson Dellosa Education

DÍA 1

Clasificación/Fonética

Encierra en un círculo las cosas que no sean seres vivos.

mariposa	globo	taza

pingüino	libro	casa

Encierra en un círculo las dos imágenes en cada fila con nombres que *rimen* (rhyme).

  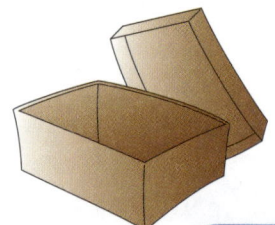

Caligrafía/Fonética

DÍA 2

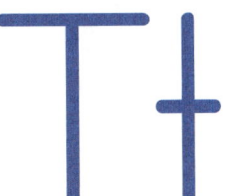  

Traza y escribe cada *letra* (letter).

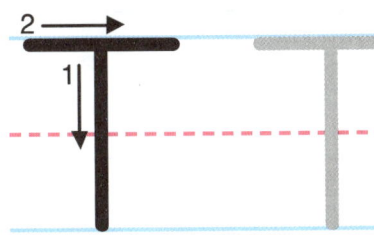

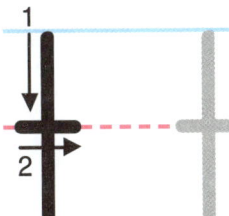

Encierra en un círculo las imágenes que comiencen como .

teddy bear tent turkey

net hand

97

DÍA 2

Diferenciación visual

Encierra en un círculo las *letras minúsculas* (lowercase letters) repetidas de cada recuadro.

Ejemplo:

ⓔ f i	p d o	c s o
ⓔ ⓔ p	d n d	s s s
r n r	v v y	p d d
r b i	v d v	d b d
g p g	i j i	j g p
y g g	i n i	j j y

Caligrafía/Fonética

DÍA 3

 umbrella

Traza y escribe cada *letra* (letter).

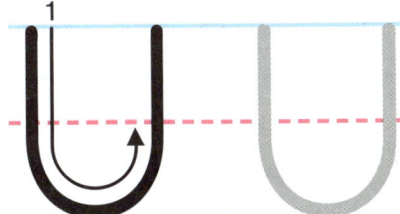

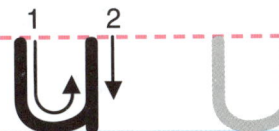

Encierra en un círculo las imágenes que comiencen como .

undershirt · pumpkin · under · up · egg

DÍA 3

Di el nombre en inglés del objeto en cada imagen. Aplaude una vez por cada *sílaba* (syllable) en la palabra. Encierra en un círculo el número que indique cuántas sílabas hay en la palabra.

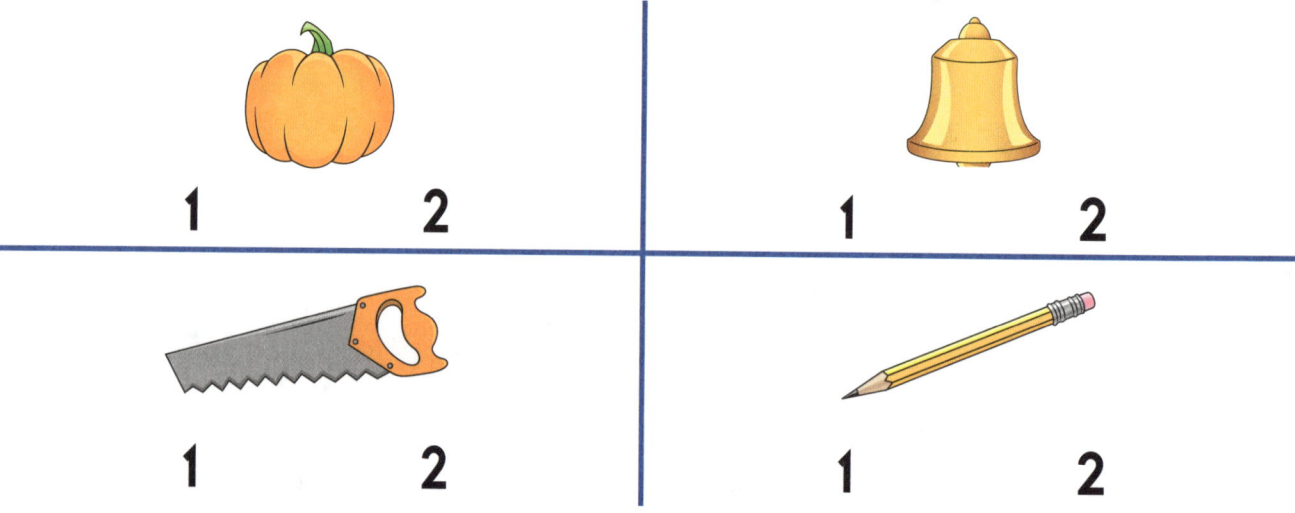

Cada palabra escrita a continuación está separada en dos *sílabas* (syllables). Escribe la palabra completa en la línea. Junta las dos sílabas y di la palabra en voz alta.

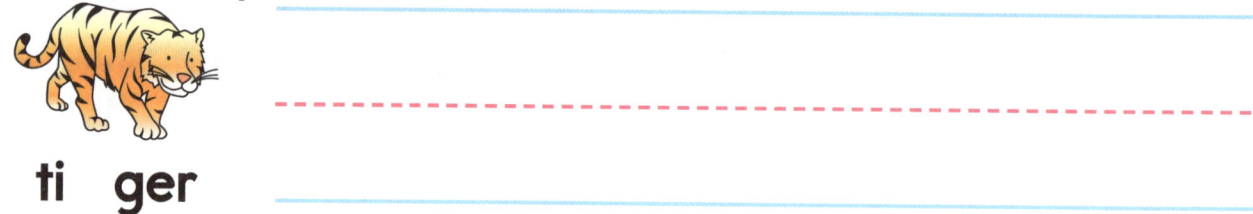

ti   ger

rain   bow

spi   der

Caligrafía/Fonética

DÍA 4

      vase

Traza y escribe cada *letra* (letter).

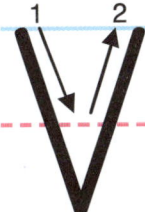

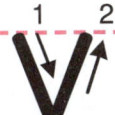

Encierra en un círculo las imágenes que comiencen como .

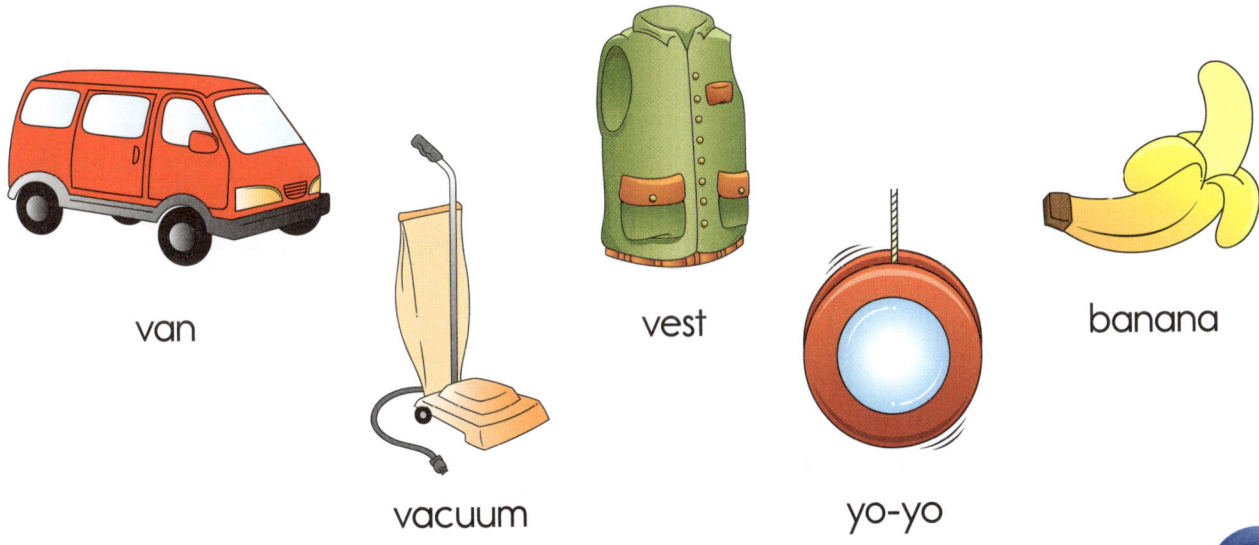

van   vacuum   vest   yo-yo   banana

101

© Carson Dellosa Education

DÍA 4

Gramática, lengua y literatura

Algunas palabras tienen más de un *significado* (meaning). Lee cada oración. Encierra en un círculo la imagen que muestre el uso de la palabra en rojo.

The **bat** ate a bug.

The jet will **fly** over my house.

Ella can **park** the car.

Escribe la palabra de la caja que complete cada *oración* (sentence).

| am   had   is |

Tess _____ first in line.

| My   I   By |

_____ like the red hat best.

| as   at   and |

Min _____ Sam swim in the pool.

Caligrafía/Fonética

DÍA 5

  window

Traza y escribe cada *letra* (letter).

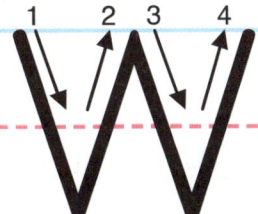

Encierra en un círculo las imágenes que comiencen como .

mailbox

wagon

web

watch

jar

DÍA 5

Números y conteo

Señala cada número. Cuenta hasta 100 en *unidades* (by ones) y en *decenas* (by tens).

1	2	3	4	5	6	7	8	9	10
11	12	13	14	15	16	17	18	19	20
21	22	23	24	25	26	27	28	29	30
31	32	33	34	35	36	37	38	39	40
41	42	43	44	45	46	47	48	49	50
51	52	53	54	55	56	57	58	59	60
61	62	63	64	65	66	67	68	69	70
71	72	73	74	75	76	77	78	79	80
81	82	83	84	85	86	87	88	89	90
91	92	93	94	95	96	97	98	99	100

COLOCA UNA ESTRELLA AQUÍ

Caligrafía/Fonética

DÍA 6

 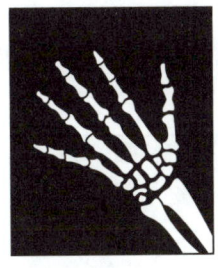 

Traza y escribe cada *letra* (letter).

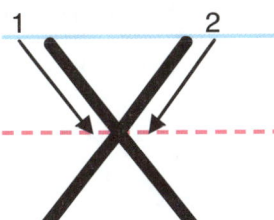

Encierra en un círculo las imágenes que contengan la letra de .

box

queen

fox

ox

barn

105

© Carson Dellosa Education

DÍA 6

Números y conteo

Cuenta cada tipo de animal. Colorea un recuadro para cada animal que encuentres.

Caligrafía/Fonética

DÍA 7

    yak

Traza y escribe cada *letra* (letter).

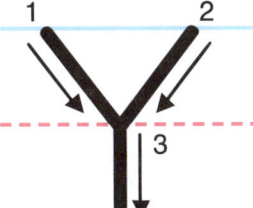

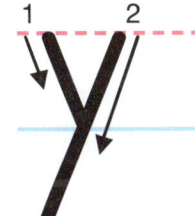

Encierra en un círculo las imágenes que comiencen como .

yogurt

rabbit

yo-yo

yarn

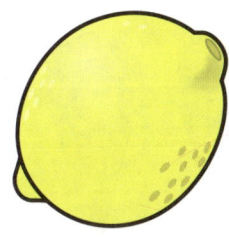
lemon

107

DÍA 7

Números y conteo

Escribe los *números que faltan* (missing numbers).

1				
6				
11			14	
			19	

Caligrafía/Fonética

DÍA 8

Zz

zigzag

Traza y escribe cada *letra* (letter).

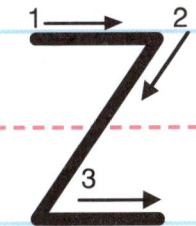

Encierra en un círculo las imágenes que comiencen como .

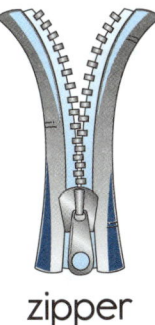
zipper

guitar

zebra

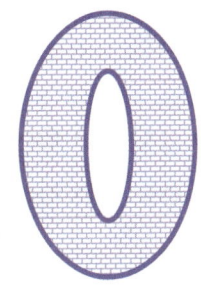
zero

seal

109

DÍA 8

Números y conteo

Cuenta cuántos *artículos* (items) hay en cada grupo. Encierra en un círculo el número que indique la cantidad de artículos.

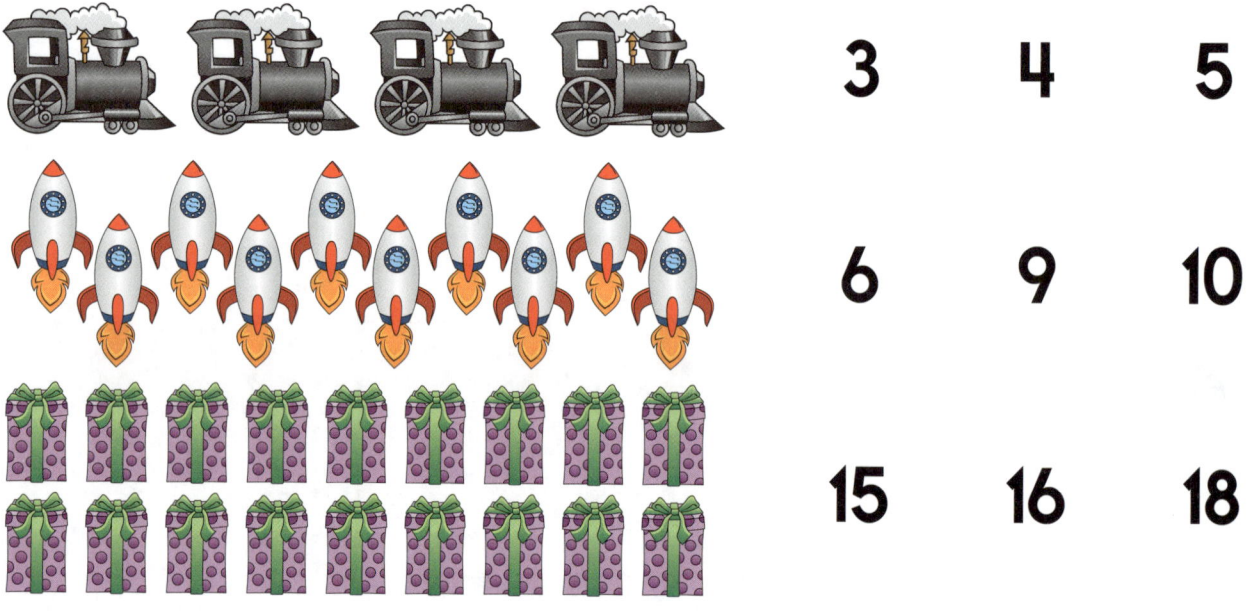

3   4   5

6   9   10

15   16   18

Encierra en un círculo el grupo que tenga *más* (more) naranjas que manzanas.

Encierra en un círculo el grupo que tenga *menos* (fewer) gatos que ratones.

      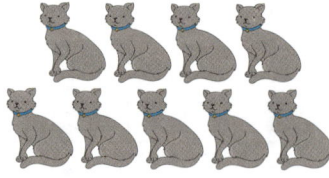

Encierra en un círculo el grupo que muestre el *mismo* (same) número de huevos y nidos.

Abecedario/Caligrafía

DÍA 9

Escribe las *letras mayúsculas* (uppercase letters) del abecedario en orden sobre los vagones del tren. Encierra en un círculo cada vagón que tenga una letra de tu nombre.

DÍA 9

Un *sustantivo* (noun) es una palabra que se refiere a una persona, a un lugar o a una cosa. Encierra en un círculo cada persona. Dibuja una *X* en cada lugar. Dibuja un cuadrado alrededor de cada cosa.

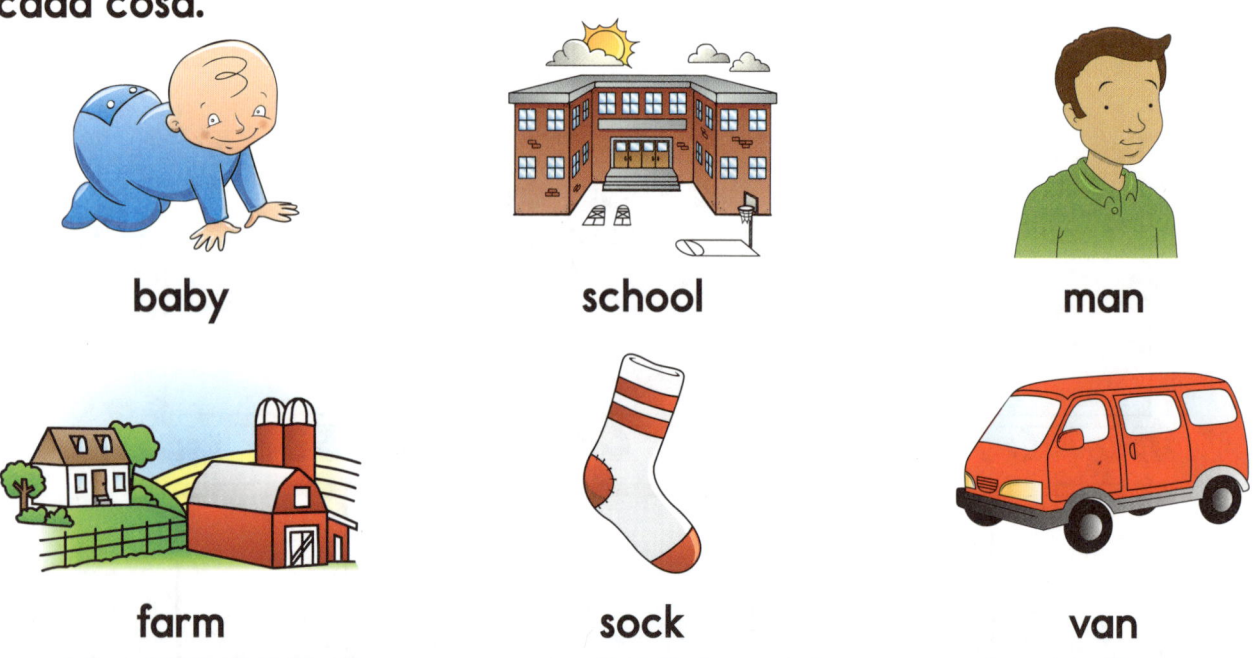

baby   school   man

farm   sock   van

Un *verbo* (verbo) es una palabra que se refiere a una acción. Encierra en un círculo las palabras y las imágenes que muestren verbos.

zebra   run   eat

wave   apple   hug

Números y conteo

DÍA 10

En cada espacio, escribe el número que debes *sumar* (add) para llegar a 10.

1 +  = 10

7 +  = 10

4 +  = 10

5 +  = 10

DÍA 10

Números y conteo

Observa las imágenes. Completa las *sumas* (additions).

2 + 3 = _____

2 + 2 = _____

Observa las imágenes. Completa las *restas* (subtractions).

3 − 2 = _____

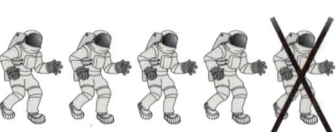

5 − 1 = _____

Clasificación

DÍA 11

Encierra en un círculo las cosas que puedes *ver* (see).

flowers

teddy bear

music

rainbow

car

Encierra en un círculo las cosas que puedes *escuchar* (hear).

laughter

doorbell

bag

pear

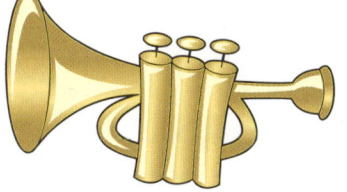
horn

DÍA 11

Clasificación

Encierra en un círculo las cosas que puedes *saborear* (taste).

| ice-cream cone | sandwich | house | apple |

Encierra en un círculo las cosas que puedes *oler* (smell).

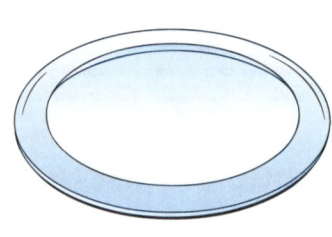

| orange | plate | flower | bread |

Encierra en un círculo las cosas que puedes *tocar* (touch).

| cat | teddy bear | hat | moon |

COLOCA UNA ESTRELLA AQUÍ

Dibuja una línea para unir cada palabra con su *opuesto* (opposite).

up

smile

open

hot

closed

frown

cold

down

¿Qué ave es *más pesada* (heavier)? Enciérrala en un círculo.

¿Qué pecera tiene *más* (more) peces? Enciérrala en un círculo.

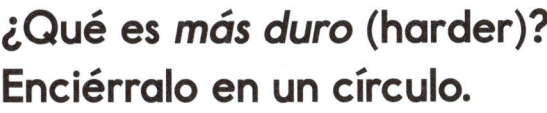

¿Qué es *más duro* (harder)? Enciérralo en un círculo.

DÍA 12

Secuenciación

Enumera las imágenes en el orden en el que sucedieron.

Diferenciación visual/Medidas

DÍA 13

Encierra en un círculo el objeto que tiene *más* (more) contenido.

DÍA 13

Reconocimiento de figuras/Gramática, lengua y literatura

Une cada *figura sólida* (solid shape) con un objeto que tenga una forma similar.

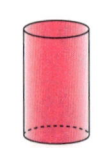

Completa los espacios en blanco con la palabra adecuada para la pregunta.

| What | When |

_____ is on her back?

_____ will it be time for dinner?

Fonética

DÍA 14

Di el nombre en inglés de cada imagen. Encierra en un círculo la letra inicial.

 a   b

 a   b

 b   c

 a   c

 a   c

121

DÍA 14

Di el nombre en inglés de cada imagen. Encierra en un círculo la letra inicial.

e   f

d   e

d   f

f   d

d   e

Fonética

DÍA 15

Di el nombre en inglés de cada imagen. Encierra en un círculo la letra inicial.

   i   g

   g   h

   h   i

   g   h

   i   g

DÍA 15

Di el nombre en inglés de cada imagen. Encierra en un círculo la letra inicial.

 k   j

 j   l

 l   j

 l   k

 j   k

Fonética

DÍA 16

Di el nombre en inglés de cada imagen. Encierra en un círculo la letra inicial.

   m   o

   n   o

   m   n

   o   m

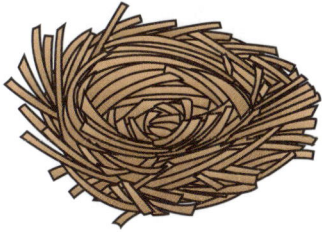   n   m

DÍA 16

Fonética

Di el nombre en inglés de cada imagen. Encierra en un círculo la letra inicial.

   p   r

   q   r

   r   p

   p   q

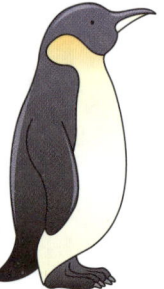   r   p

Fonética

DÍA 17

Di el nombre en inglés de cada imagen. Encierra en un círculo la letra inicial.

   s   t

   s   t

   t   s

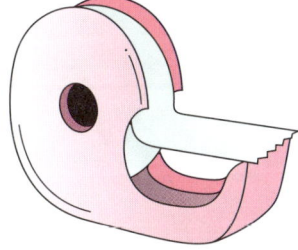   t   s

   s   t

DÍA 17

Di el nombre en inglés de cada imagen. Encierra en un círculo la letra inicial.

Fonética

DÍA 18

Di el nombre en inglés de cada imagen. Encierra en un círculo la letra inicial.

x   z

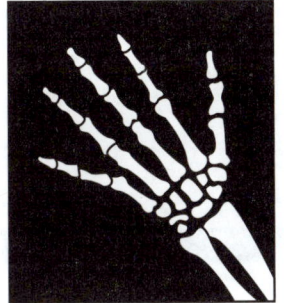

y   x

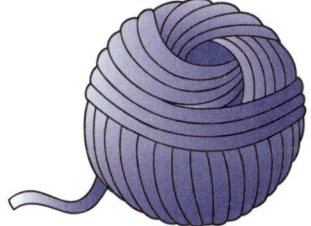

z   y

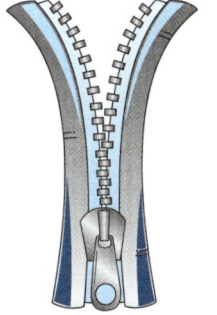

x   z

y   x

DÍA 18

Fonética

Di el nombre en inglés de cada imagen. Encierra en un círculo cada imagen cuyo nombre tenga el sonido de la *a* corta que escuchas en medio de 🎩.

Di el nombre en inglés de cada imagen. Escribe la *a* corta que falte.

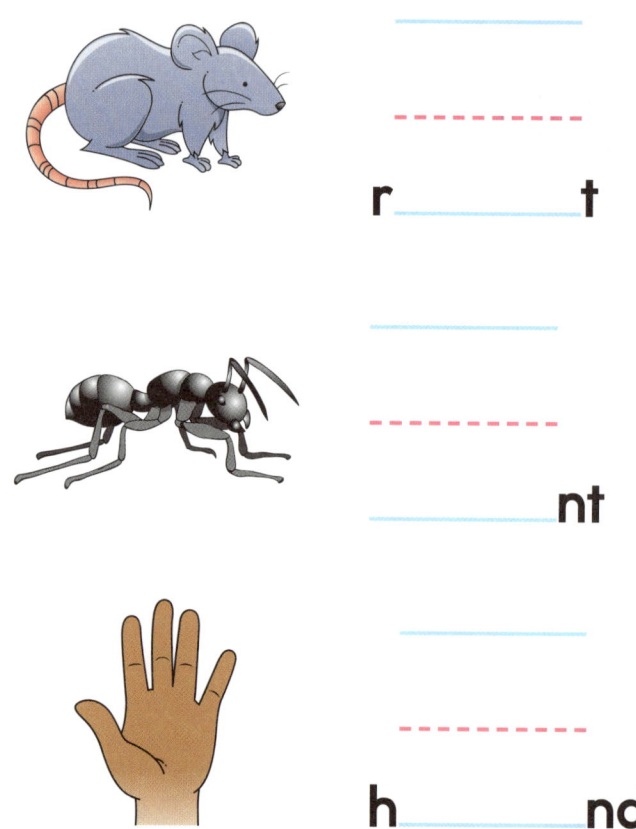

r_____t

_____nt

h_____nd

Fonética

DÍA 19

Di el nombre en inglés de cada imagen. Encierra en un círculo cada imagen cuyo nombre tenga el sonido de la *e* corta que escuchas en medio de .

Di el nombre en inglés de cada imagen. Escribe la *e* corta que falte.

w____b

p____n

h____n

DÍA 19

Fonética

Di el nombre en inglés de cada imagen. Encierra en un círculo cada imagen cuyo nombre tenga el sonido de la *i* corta que escuchas en medio de .

Di el nombre en inglés de cada imagen. Escribe la *i* corta que falte.

w___g

l___ps

b___b

Fonética

DÍA 20

Di el nombre en inglés de cada imagen. Escribe la *o* corta que falte.

r___ck

m___p

l___ck

Di el nombre en inglés de cada imagen. Escribe la *u* corta que falte.

m___g

n___t

t___b

DÍA 20

Pide ayuda a un adulto para que mida tu estatura de nuevo. Completa el espacio en blanco. Compara esta medida con la que aparece en la página 3. Luego, dibújate a ti mismo y colorea la imagen de abajo.

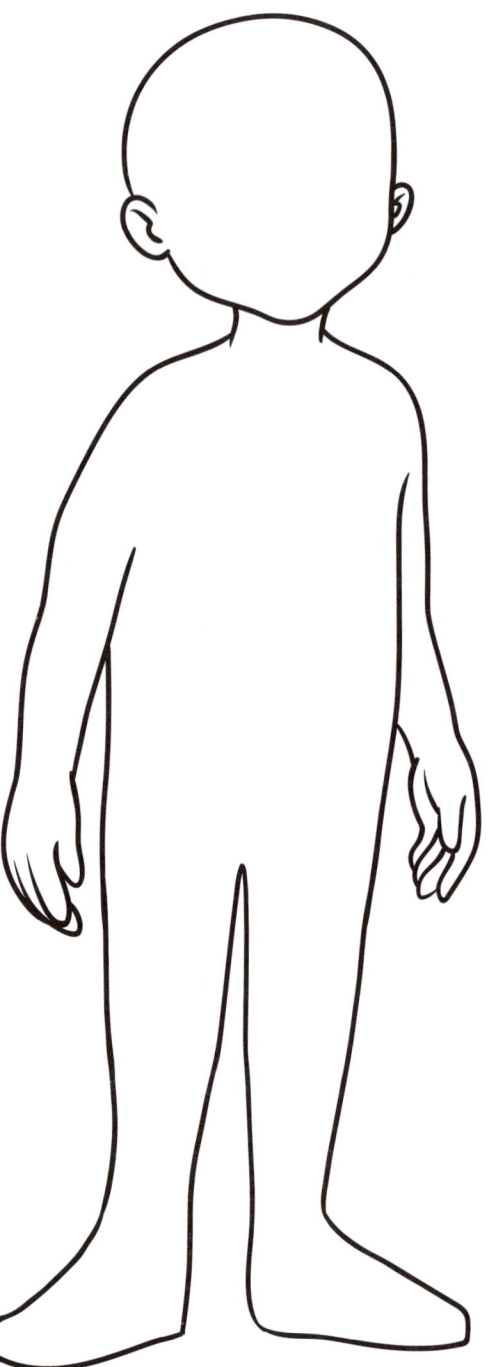

Tu estatura:

_____

Experimento científico

Sol y sombra

¿Los objetos que están al sol se sienten más calientes que los objetos que están a la sombra? ¿Qué colores absorben más calor?

Materiales:
- 2 hojas de papel negro
- 2 hojas de papel blanco

Procedimiento:

Con la ayuda de un adulto, coloca una hoja de papel negro y otra de papel blanco bajo luz directa del Sol. Coloca una hoja de papel negro y otra de papel blanco en la sombra. Después de una hora, toca cada hoja de papel. Compara el papel al Sol con el papel que está a la sombra. Luego, pide a tu hijo que responda las siguientes preguntas:

1. ¿Cuál hoja de papel se sintió más caliente? _____

2. ¿Cuál hoja de papel se sintió más fría? _____

3. ¿Por qué un par de hojas de papel se sintieron más calientes que el otro par?

   _____

4. ¿Qué color de camiseta podría mantenerte más fresco en un día soleado? _____

Actividades de acondicionamiento físico

Saltos de tijera

Bríndale a tu hijo la oportunidad de mostrar su nivel de resistencia y desafiar el tuyo. Selecciona canciones cortas, divertidas y alegres. Sube el volumen y empiecen a hacer saltos de tijera. Mira si pueden saltar juntos durante la primera canción. Continúen por un par de canciones y descansen según la resistencia que tengan ambos. Si los saltos de tijera suponen un gran desafío, simplemente pueden saltar: esto también proporcionará un gran ejercicio y un desafío en términos de resistencia. Realiza este ejercicio de nuevo cada semana incorporando más canciones y disminuyendo los descansos para ver cómo ambos progresan a medida que la resistencia de ambos mejora.

Salta y cuenta

Para esta actividad, tú y tu hijo necesitarán las tarjetas de números que aparecen al final de este libro y una cuerda de saltar.

Ayuda a tu hijo a barajar las tarjetas y colocarlas boca abajo en el suelo. Dale vuelta a una tarjeta. Tu hijo debe saltar la cantidad de veces que indique la tarjeta. Cuenta la cantidad de saltos con tu hijo. Cuando todas las tarjetas están volteadas, haz que tu hijo las ordene del 0 al 12. Tomen turnos para saltar la cuerda y darle vuelta a las tarjetas hasta que completen la actividad dos veces.

* Ve la página ii.

Actividades para el desarrollo del carácter

¡Sí, yo puedo!

Explícale a tu hijo que la perseverancia significa no renunciar. Pide a tu hijo que haga un dibujo sobre la cosa más difícil que haya hecho. Cuando haya terminado, invítalo a compartir su dibujo y a que te cuente una historia sobre él. Luego, coloca su dibujo en un lugar visible que le recuerde no rendirse nunca.

Historias de apoyo

Habla con tu hijo sobre lo que significa ser leal utilizando ejemplos con los que él o ella pueda identificarse, como apoyar y defender a las personas de su vida. Invita a tu hijo a escribir una historia sobre la lealtad. Háblale de un ejemplo de lealtad que haya visto o experimentado. Recuérdale algunos acontecimientos recientes si es necesario. Háblale de cómo convertir esto en una historia. Pídele que recuerde el orden de los acontecimientos mientras los anotas en el papel. Su historia debe tener un principio, un intermedio y un final.

Proporciónale materiales de manualidades para que haga la cubierta del libro. Encuadernen el libro con grapas o hagan agujeros a lo largo del lomo del libro y fíjenlo con cierres de papel de latón o con hilo. Ayúdale a añadir un título que incorpore la idea de la lealtad.

Actividades de extensión al aire libre

¡Vamos afuera!

Juega a la rayuela para reforzar las habilidades de conteo. Usa una tiza para dibujar un patrón de rayuela básico y numerado en una acera o calzada segura. Busca dos objetos al aire libre para que tú y tu hijo los recojan, como piñas o piedras lisas. Para añadir retos físicos y de conteo, dibuja otro patrón de rayuela con números aleatorios para que tu hijo tenga que saltar un poco más lejos y encontrar los números en orden. Añade más números a medida que tu hijo se familiarice con cada patrón.

Invita a tu hijo a un picnic de verano. Prepara sándwiches, bocadillos y bebidas. Echa todo en una canasta de picnic, y también una manta. Antes de comer, habla de los cinco sentidos: gusto, olfato, vista, oído y tacto. Mientras tu hijo come cada alimento, habla de la variedad de sabores y olores, como las papas fritas saladas y las rodajas de manzana dulce. Señala las cosas que tú y tu hijo pueden oír, ver y sentir durante el picnic, como el crujido de las zanahorias, el color de los pájaros y la suavidad de la hierba bajo la manta.

Explica a tu hijo que cuando el papel, el plástico, el metal o el vidrio se reciclan, se convierten en algo útil. Por ejemplo, las jarras plásticas de la leche se pueden convertir en materiales de construcción. Las botellas de vidrio o las latas de aluminio recicladas pueden convertirse en nuevas botellas o latas.

Habla de las formas en que el reciclaje es bueno para el planeta, como la conservación de los recursos naturales y el ahorro de espacio en los basureros. Si tu comunidad participa en un programa de reciclaje, permite que tu hijo te ayude a clasificar los artículos reciclables o vayan al centro de reciclaje y dejen los materiales para reciclar.

* Ve la página ii.

Actividades de lectura y escritura

Eventos de la historia

Una vez que tú y tu hijo hayan leído varios libros de la lista de «Lecturas de verano para todos», que se encuentra en las páginas viii-ix, pídele a tu hijo que elija su libro favorito. Relean juntos el libro. A continuación, pídele que haga un dibujo que ilustre un acontecimiento del libro. Admira el dibujo de tu hijo y hazle preguntas como estas: ¿Qué ocurre en esta parte? ¿Dónde ocurre? ¿Qué personajes hay aquí? ¿Qué te gusta de esta parte del cuento? Debajo o al lado del dibujo, escribe lo que te cuente tu hijo sobre el cuento. Lean juntos las palabras. Anima a tu hijo a escribir las palabras con las que se sienta cómodo. Exhibe el dibujo y el escrito para que tu hijo pueda hablar a otros miembros de la familia sobre el libro.

Conocimientos de no ficción

Elige uno de los libros de no ficción de la lista de lecturas de verano. Ayuda a tu hijo a encontrar los nombres del autor y del ilustrador en la portada del libro. Pídele que te explique qué hacen los autores y los ilustradores. A continuación, lean el libro juntos, prestando atención a las ilustraciones. Pregúntale a tu hijo qué relación tienen las ilustraciones con el texto. ¿Le ayudan a entender mejor las palabras? ¿Aportan información adicional? Desafía a tu hijo a que invente una nueva ilustración para una página del libro. Puede hacer un dibujo, una pintura, un collage o tomar una fotografía.

¡Cuéntalo otra vez!

Pídele a tu hijo que elija uno de los libros de ficción que haya leído de la lista de «Lectura de verano para todos». Léanlo juntos para refrescar la memoria de tu hijo. A continuación, pídele que te vuelva a contar la historia a ti, a un amigo o familiar. Anima a tu hijo a incluir todos los detalles posibles. Otra opción es invitar a tu hijo a representar escenas del cuento. Él puede interpretar al personaje principal, y tú (o un hermano o amigo) pueden representar un papel secundario.

139

© Carson Dellosa Education

EXTRA

Fonética

Une cada palabra con la imagen correcta.

Ejemplo:

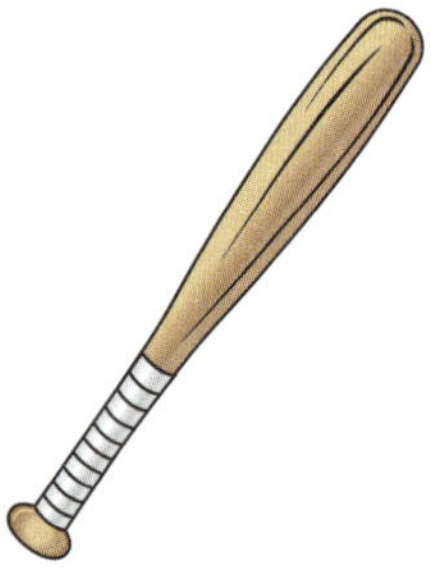

sun

dog

bat

pin

hen

140

Fonética

EXTRA

Une cada palabra con la imagen correcta.

gum

egg

nut

ant

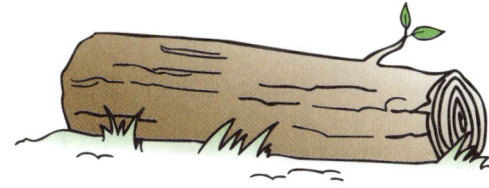

log

EXTRA

Fonética

Encierra en un círculo la palabra de cada fila que nombre la imagen.

	cap	van	rat
	tip	job	sun
	day	boy	bed
	on	ant	end
	bat	yak	fun

Fonética

EXTRA

Encierra en un círculo la palabra de cada fila que nombre la imagen.

	cat in mug
	am leg up
	mop bug dip
	mat net hit
	rag jet wig

EXTRA

Caligrafía

Traza y escribe las *letras* (letters) de la A a la E.

Caligrafía

EXTRA

Traza y escribe las *letras* (letters) de la F a la J.

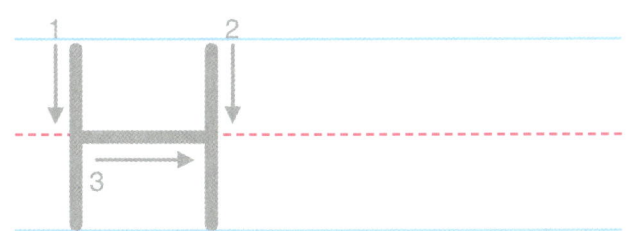

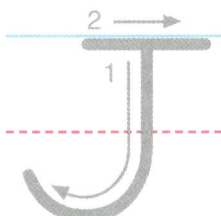

EXTRA

Caligrafía

Traza y escribe las *letras* (letters) de la K a la O.

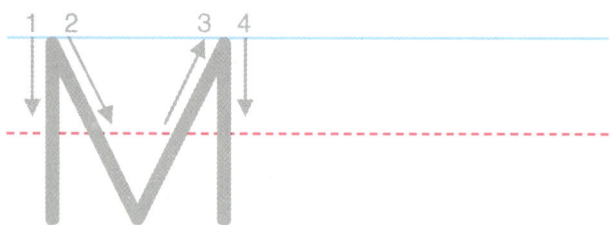

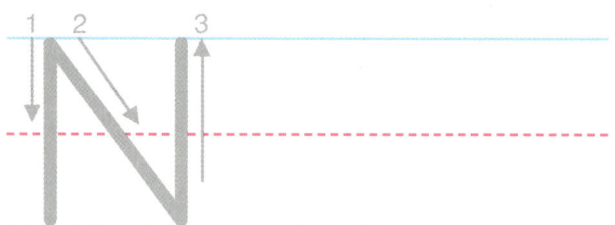

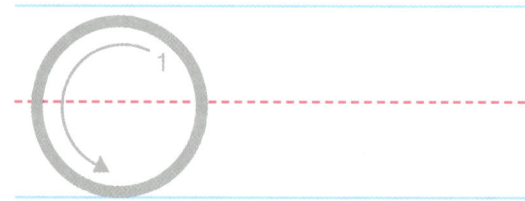

Caligrafía

EXTRA

Traza y escribe las *letras* (letters) de la P a la T.

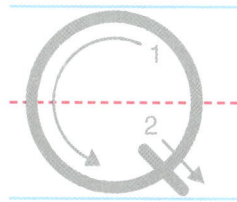

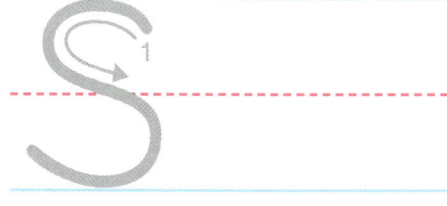

EXTRA

Caligrafía

Traza y escribe las *letras* (letters) de la U a la Y.

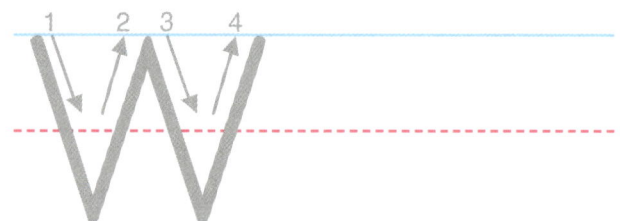

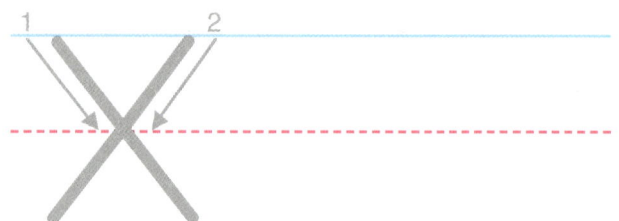

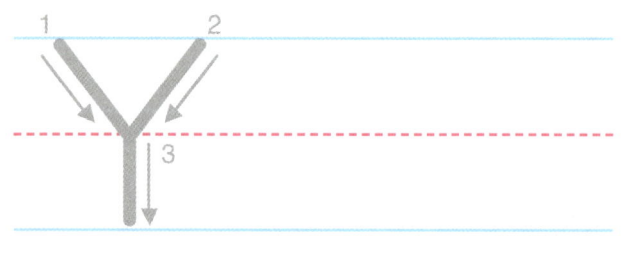

Caligrafía

EXTRA

Traza y escribe la *letra* (letter) Z.

Traza y escribe los *números* (numbers) del 0 al 5.

EXTRA

Caligrafía

Traza y escribe los *números* (numbers) del 6 al 10.

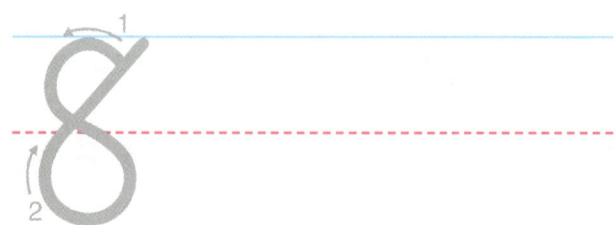 

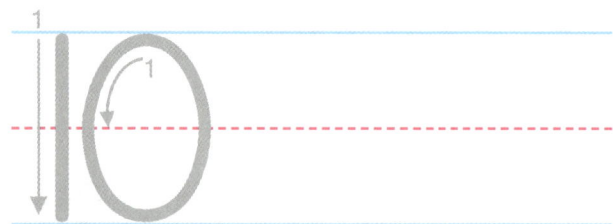

Practica escribiendo tu nombre.

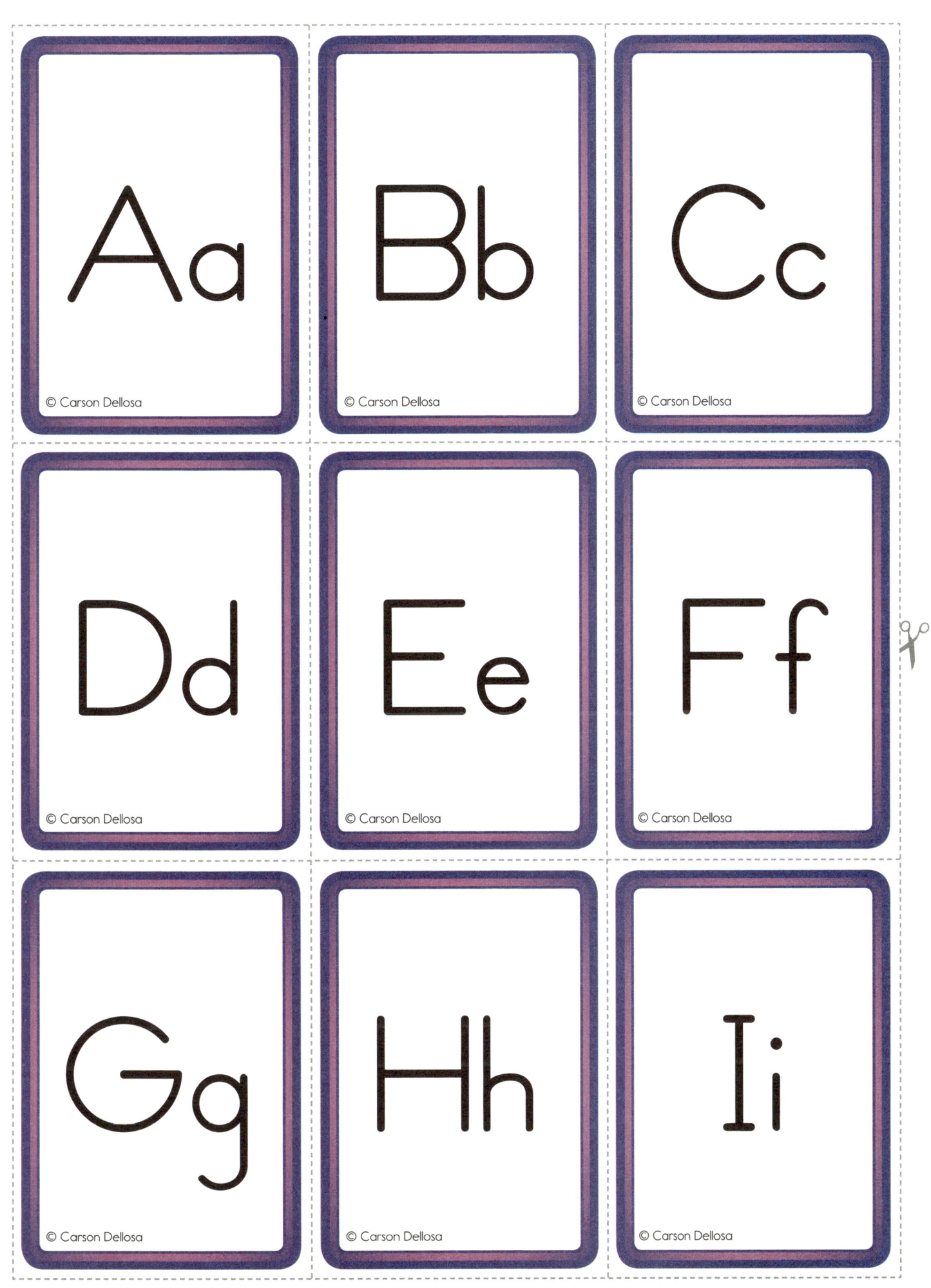

car

baseball bat

apple

feather

elephant

dog

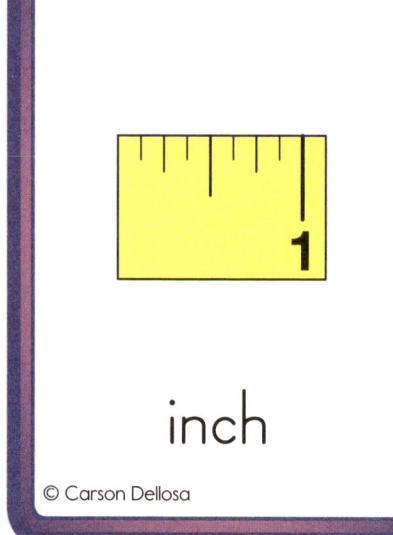
inch

hammer

goat

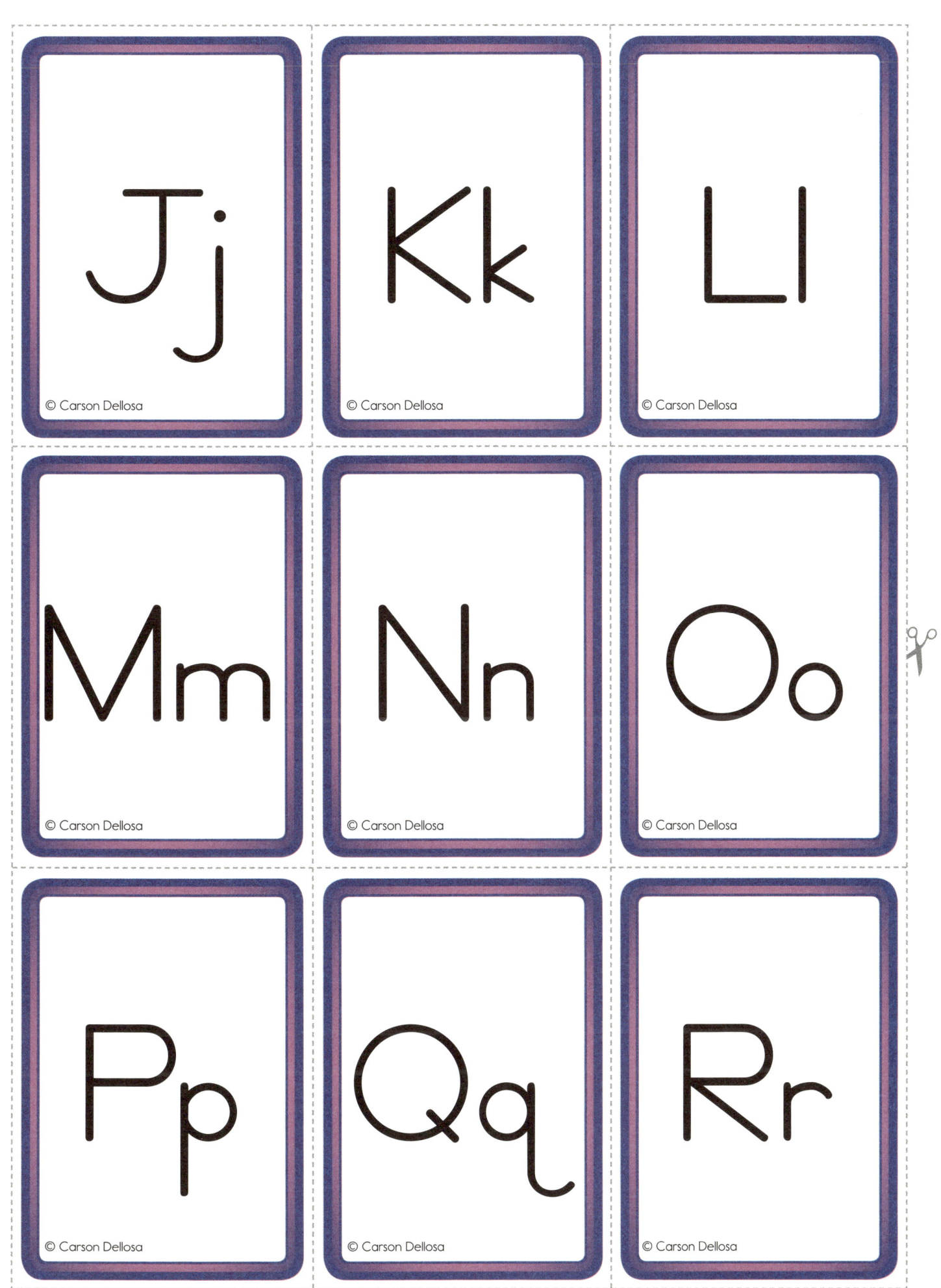

 leaf	 kangaroo	 jack-in-the-box
 octagon	 net	 mouse
 rabbit	 quarter	 penguin

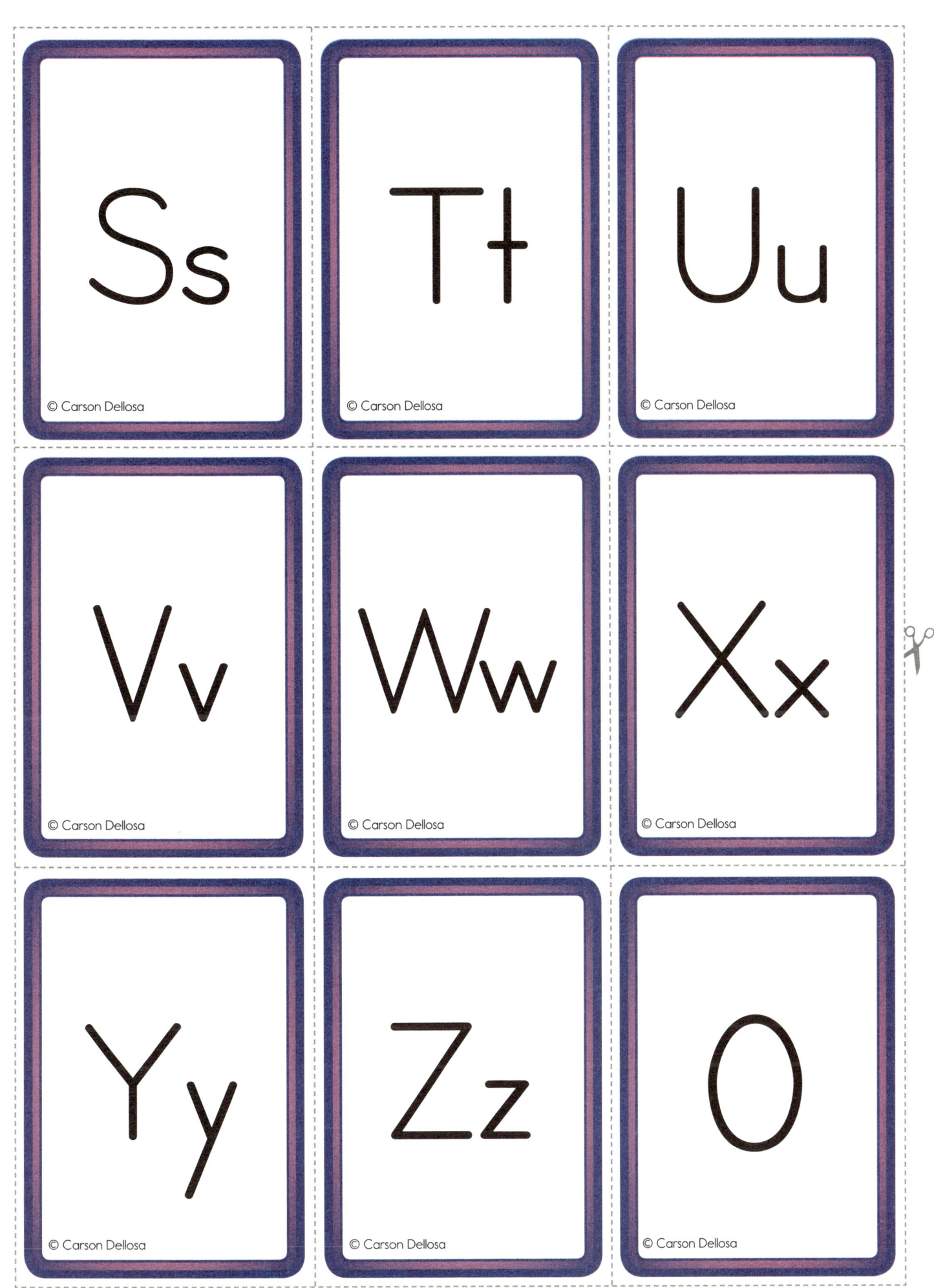

up

tent

socks

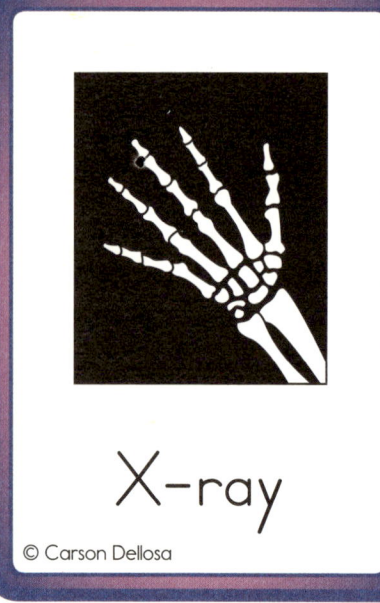
X-ray

watch

vacuum

zebra

yarn

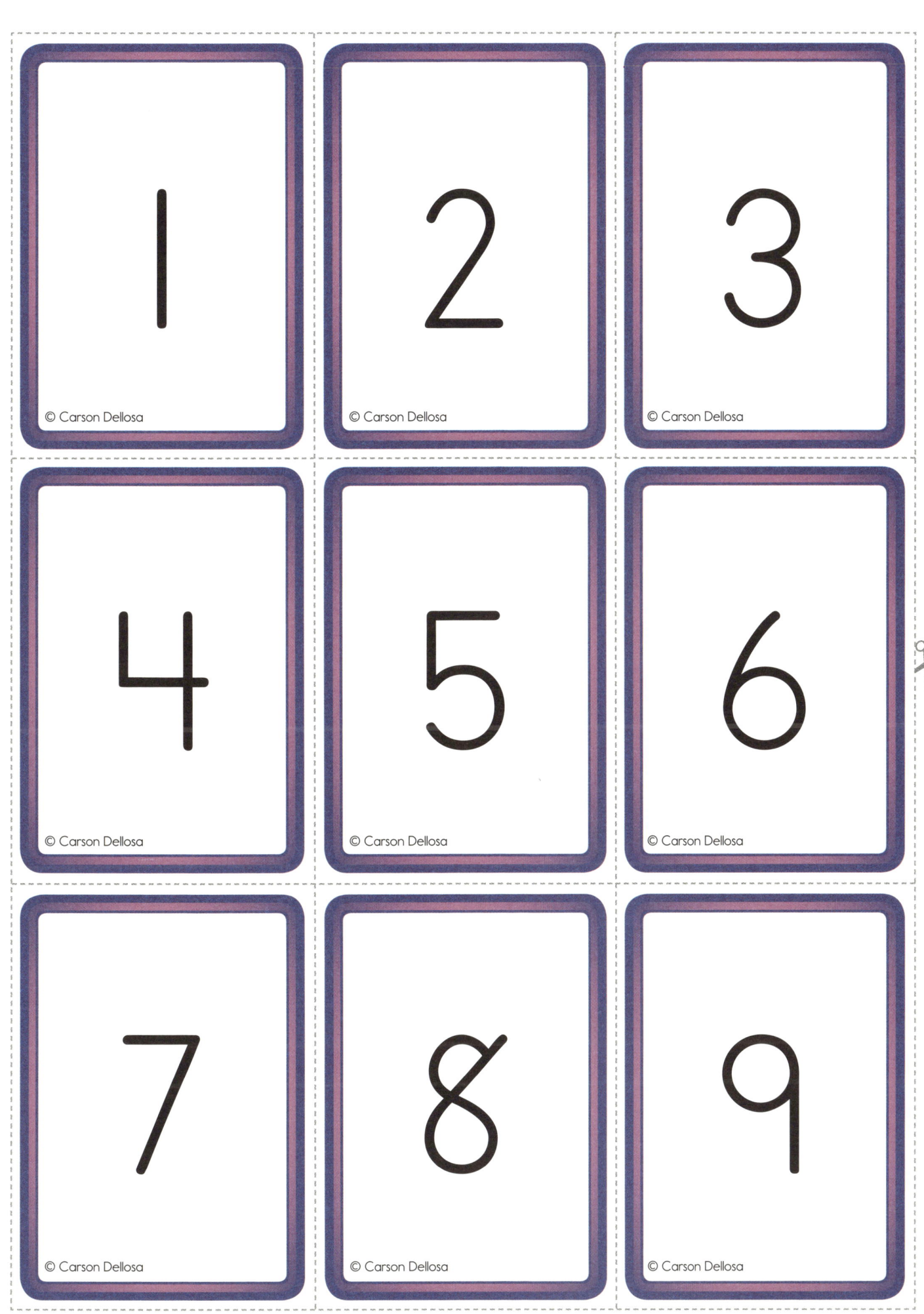

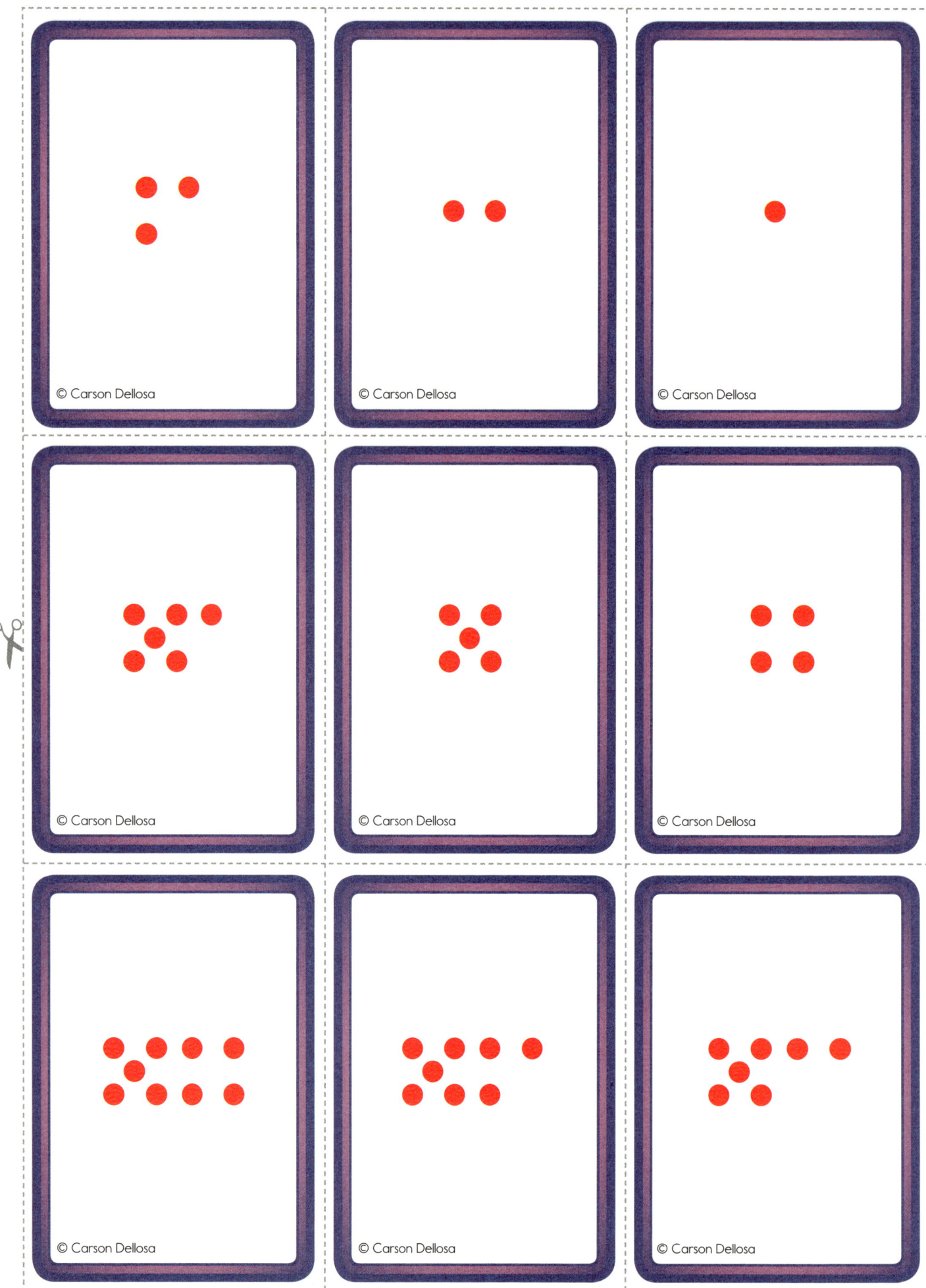

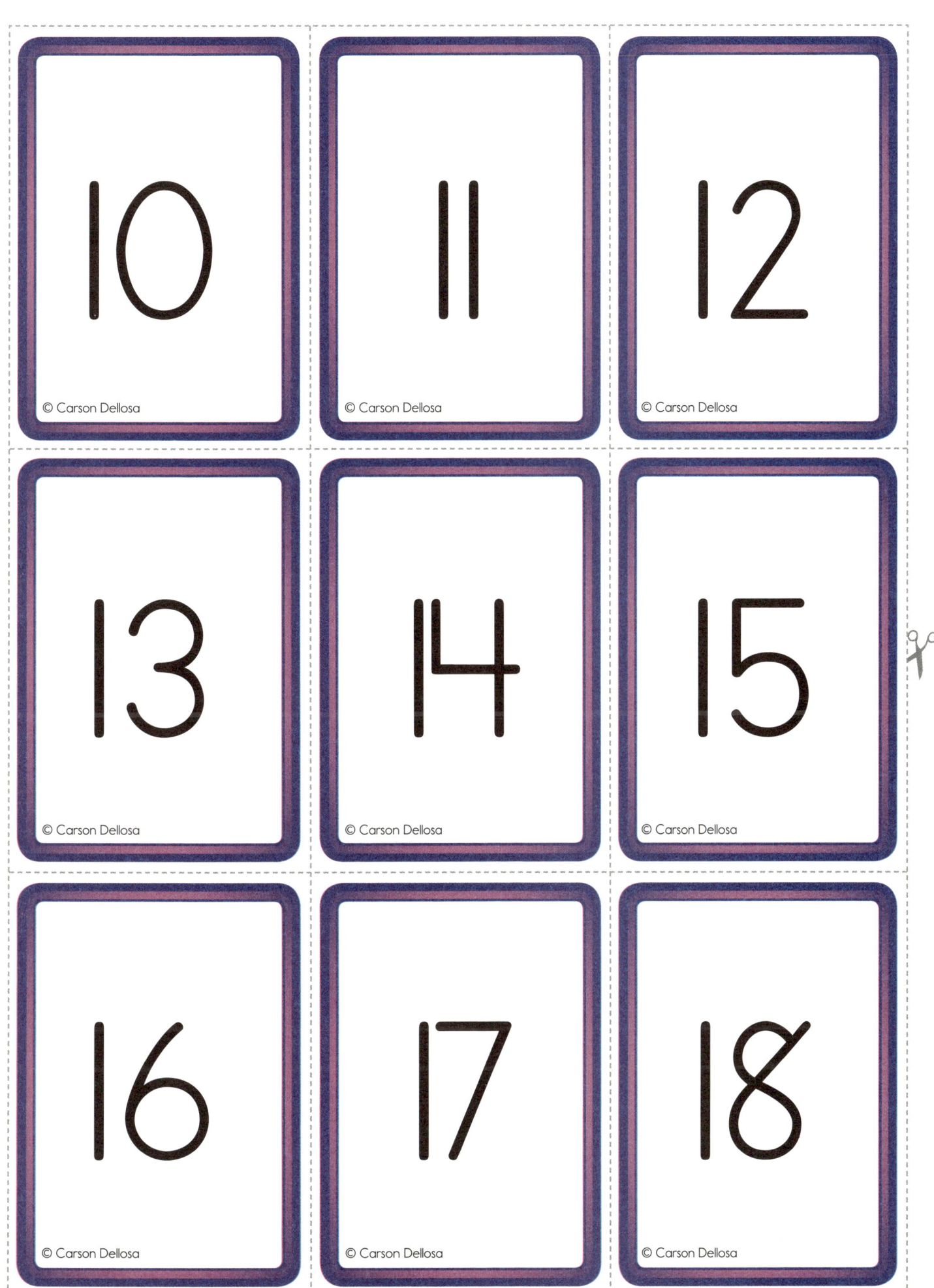

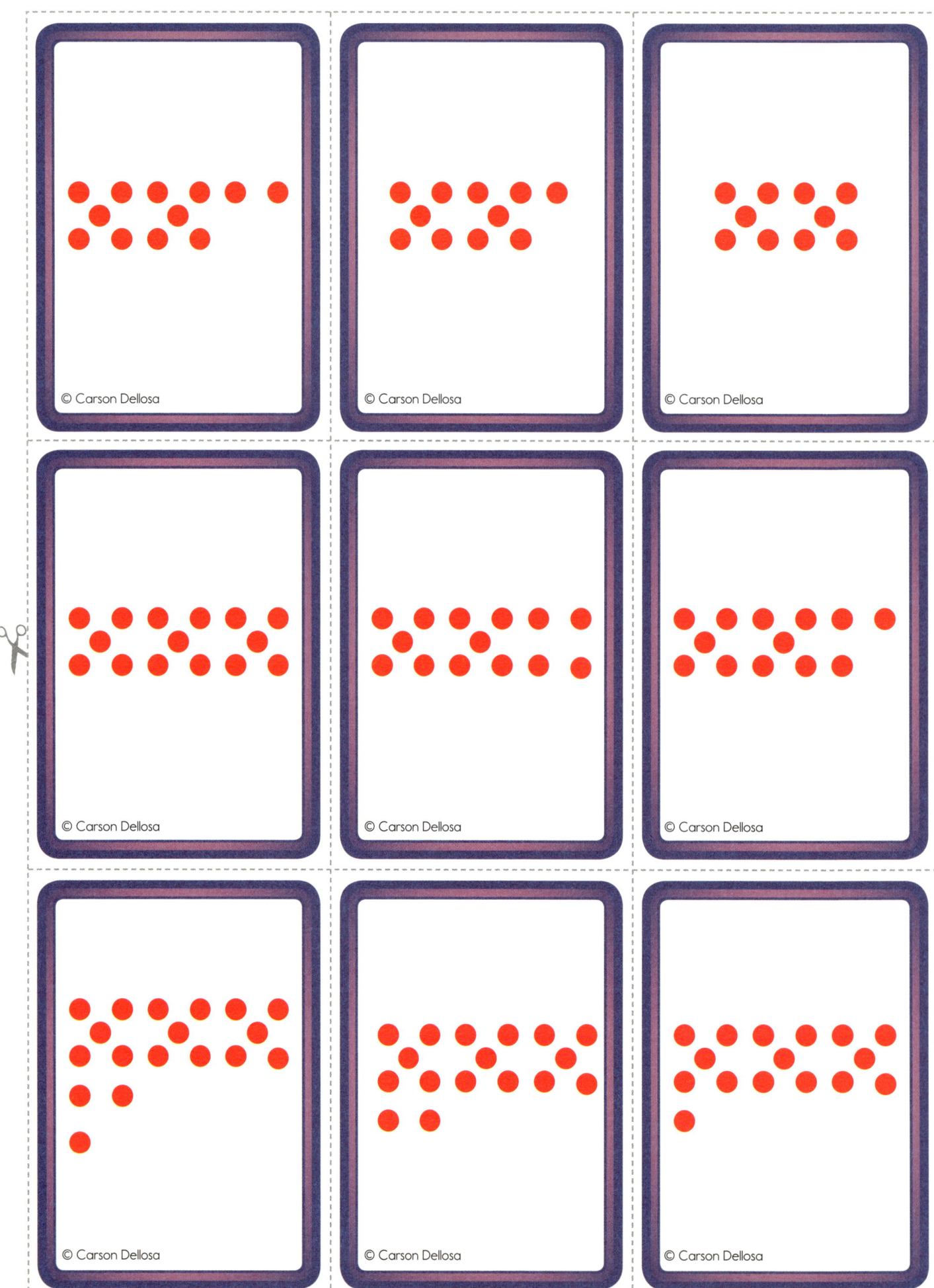

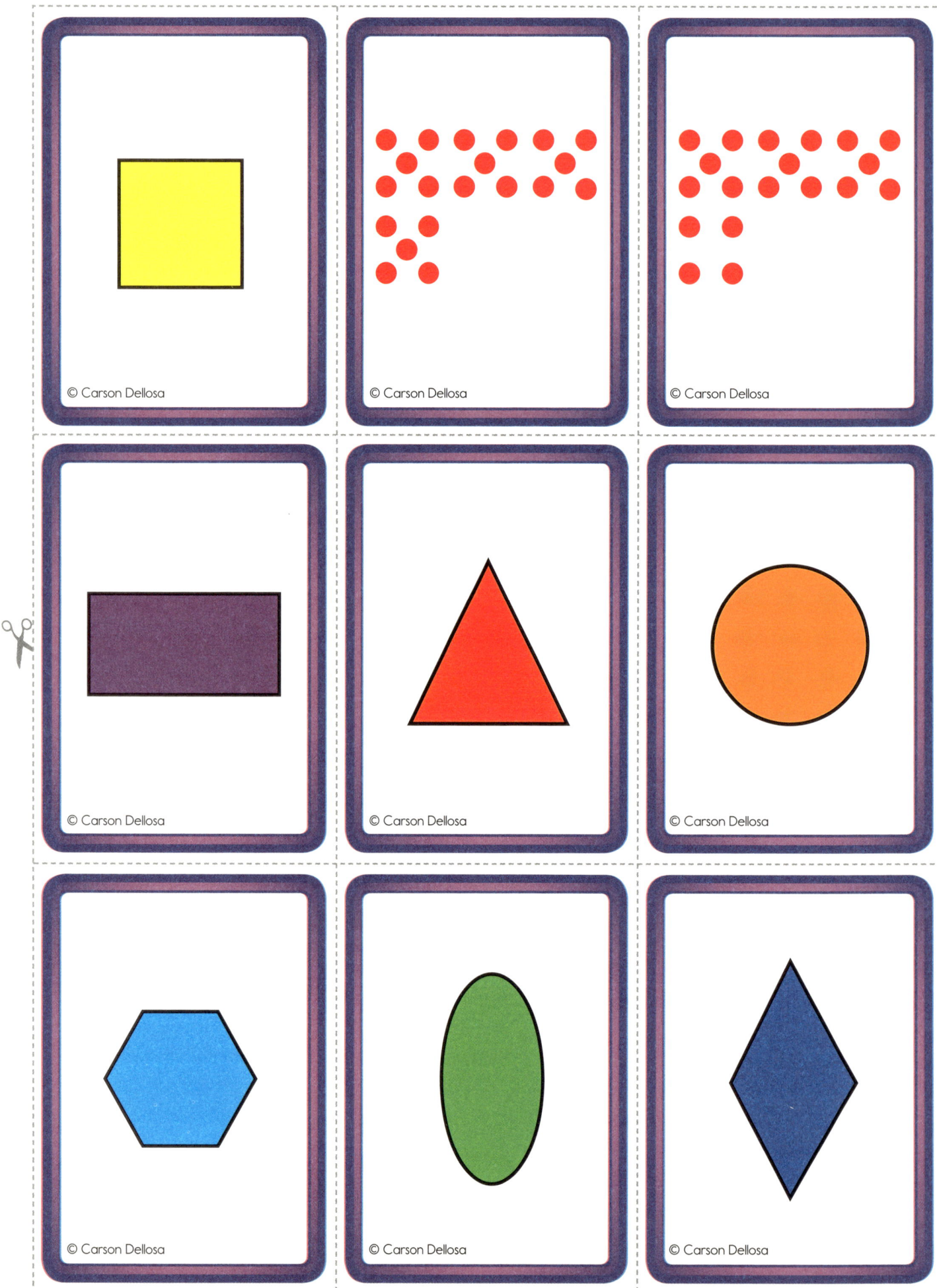

pequeño

lento

triste

frío

cerrado

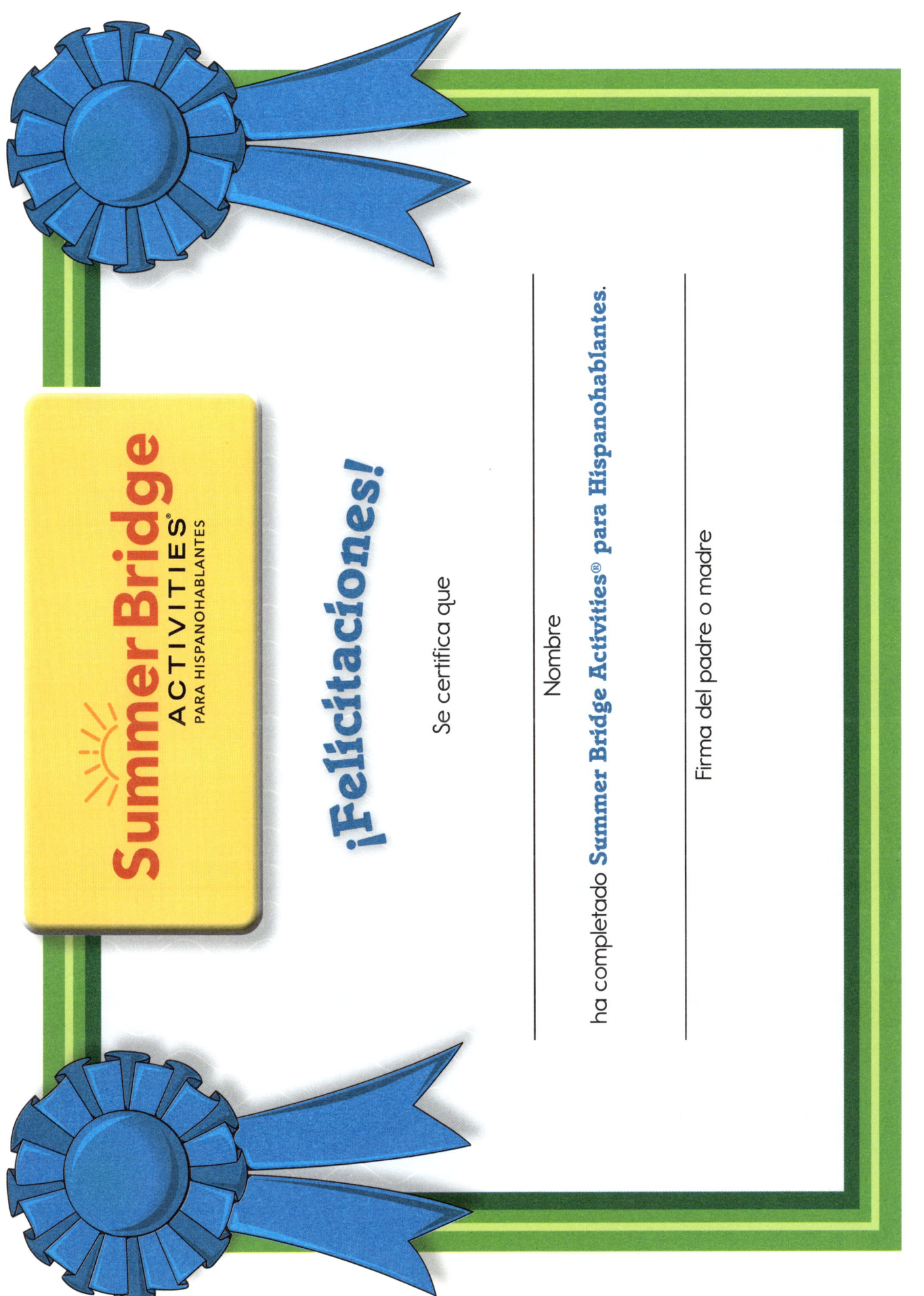